Gunther Geipel | Dieter Keucher

Homosexualität und Pfarramt

Grundlagen zur Positionsbestimmung

Impressum

Gunther Geipel | Dieter Keucher
Homosexualität und Pfarramt.
Grundlagen zur Positionsbestimmung

© GGE-Verlag, 2012
Arbeitskreis für Geistliche Gemeinde-Erneuerung in der Evangelischen Kirche e.V.,
Schlesierplatz 16, 34346 Hannoversch Münden, www.gge-online.de

ISBN 978-3-9812055-8-9

Lektorat: Katja Lehmann und Lorenz Reithmeier
Satz und Gestaltung: Katja Lehmann, www.kulturlandschaften.com
Druck: Print24

Inhalt

Aus den
Leitlinien kirchlichen Lebens der Vereinigten Evangelisch-Lutherischen Kirche Deutschlands (VELKD), Handreichung für eine kirchliche Lebensordnung, 2003:

Gleichgeschlechtliche Partnerschaften

Niemand darf wegen seiner gleichgeschlechtlichen Orientierung benachteiligt werden. Dennoch erleben Lesben und Schwule im Alltag aber immer noch Vorurteile, Abwertung und Ausgrenzung, auch wenn die gesellschaftliche Toleranz ihnen gegenüber zugenommen hat. Die evangelischen Kirchen haben sich in den letzten Jahren mehrmals öffentlich gegen die Diskriminierung gleichgeschlechtlich orientierter Mitbürgerinnen und Mitbürger gewandt. Unterstützt wird auch die Absicht des Gesetzgebers, für feste Partnerschaften gleichen Geschlechts die Rechtssicherheit zu erhöhen, z. B. im Miet-, Erb- und Sozialrecht (Gesundheitswesen, Sozialversicherung, Fürsorgeverpflichtung). Allerdings wird in den Kirchen die Einrichtung eines Rechtsinstitutes für gleichgeschlechtliche Partnerschaften kritisiert, weil dadurch das Abstandsgebot zur grundgesetzlich geschützten Ehe nicht gewahrt werde. Neben rechtlichen werden auch theologische Gründe dagegen vorgetragen.

Vorwort

Von Henning Dobers

„Ich bin schwul, und das ist gut so!" Mit dieser öffentlichen Aussage hat im Herbst 2001 der damalige Kandidat und spätere Bürgermeister von Berlin, Klaus Wowereit, einer in Deutschland bereits geführten Debatte neuen Auftrieb gegeben. Seinem „Coming out" folgten andere bekannte und unbekannte Persönlichkeiten.

Die evangelischen Kirchen in Deutschland hatten sich bereits seit den 1980er Jahren mit dieser Thematik beschäftigt, kamen allerdings zu sehr unterschiedlichen Einschätzungen. Bei verschiedenen Veranstaltungen, insbesondere auf Kirchentagen, warb die Gruppe „HUK" (Homosexuelle und Kirche) für ihr Anliegen, die homosexuelle Lebensform in Kirche und Gesellschaft zu akzeptieren und rechtlich gleichzustellen. Abgesehen von dieser Maximalforderung wurden von Anfang an Segenshandlungen für gleichgeschlechtlich lebende Paare eingefordert.

1996 schließlich veröffentlichte der EKD-Rat ein Wort mit dem Titel „Mit Spannungen leben". Darin heißt es unter 6.3: „Aufgrund der theologischen Urteilsbildung muß aber gesagt werden, daß die Fülle der für das menschliche Leben wesentlichen Funktionen so nur in Ehe und Familie möglich ist. Das zeichnet sie als Leitbilder aus. ... Die Segnung einer homosexuellen Partnerschaft kann nicht zugelassen werden. In Betracht kommt allein die Segnung von Menschen."

Damit schien die Situation – vorerst – geklärt. Dennoch rumorte es weiter. Kontinuierlich wurden in der gesellschaftlichen Diskussion die Bereiche Ehe, eingetragene Partnerschaft und gleichgeschlechtliche Lebensformen als gleichwertig gewürdigt und juristisch angeglichen – mit Rechten und Pflichten bis hin zu Adoptionen.

2011, also zehn Jahre nach dem berühmten Berliner „Coming out" und nur 15 Jahre nach dem Wort des Rates der EKD, hat sich die EKD-Synode nun im Rahmen einer Neuregelung des Dienstrechts für Pastoren von ihrer früheren Veröffentlichung distanziert und damit sachlich die Position von HUK und anderen Bewegungen übernommen. Fast alle Gliedkirchen haben auf ihren Synoden diese Regelung in eigenes Kirchenrecht umgesetzt. Damit ist der „Durchmarsch durch die Institutionen", wie seit den 1968er Jahren angekündigt, in der Frage der Sexualethik gelungen. Es herrscht ein weithin akzeptiertes Recht auf „freie Liebe". Wie, mit wem und wie lange Menschen miteinander zusammen leben, ist – ähnlich der Religion – reine Privatsache. Wer sich anders äußert, läuft Gefahr, der

Diskriminierung bezichtigt zu werden. Der Druck auf „politisch korrekte" Sprache und auf die Gesinnung der Meinung wird steigen.

Dass die Haltung der Synoden keineswegs Ausdruck eines innerkirchlichen Konsenses ist, zeigt sich u.a. darin, dass sich eine Gemeinschaft von Altbischöfen genötigt sah, kritisch und vor allem öffentlich auf den EKD-Beschluss zu reagieren. Hat es das in der Geschichte der EKD schon einmal gegeben? (vgl. den Wortlaut des Briefes auf Seite 46). Die Folgen für das weltweite Miteinander von Christen sind noch gravierender. Insbesondere nichtwestliche Kirchen aus allen Teilen der Welt reagieren mit Unverständnis und Entsetzen. Zahlreiche Christen in Kirche und Gemeinde sind verunsichert und betroffen.

In der sächsischen Landeskirche wurde die Diskussion besonders intensiv geführt mit bedauerlichen Verwerfungen und Verletzungen auf allen Seiten. Dies ist für uns nun der Anlass, als GGE zur Frage von Homosexualität und Pfarramt Stellung zu beziehen. Der Grund jedoch liegt tiefer: von vielen wird übersehen, dass das neue Dienstrecht nicht nur gleichgeschlechtliche Formen des Zusammenlebens im Pfarrhaus ermöglicht, sondern ganz grundsätzlich und sehr allgemein „familiäres Zusammenleben" gestattet. Weil hier das biblische Leitbild von – heterosexuell geführter – Ehe und Familie im Sinne einer auf die Dauer des Lebens angelegte Gemeinschaft von verheirateten Eltern mit ihren Kindern grundsätzlich aufgelöst wird, weil damit also eindeutige Vorgaben der Heiligen Schrift in Interpretation aufgelöst werden, deshalb äußern wir uns als GGE.

Gottes Wort der Heiligen Schrift ist nicht Gegenstand, sondern Grundlage unserer Erkenntnis. Daran gilt es festzuhalten. Sollten wir dieses „Fundament" verlassen, dann befinden wir uns entweder auf anderem Grund, oder wir lehren und handeln als Christen und Kirche fortan grundlos und in der Folge vollmachtslos. Das Wort Gottes mit Jesus Christus als verbindlicher und verbindender Mitte ist in dieser Frage eindeutig (vgl. nur Röm 1,26 f). Ihm haben wir „…im Leben und im Sterben zu vertrauen und zu gehorchen" (vgl. Barmen 1934). Gleichzeitig haben wir Menschen – gerade auch in unseren Gemeinden – vor Augen, die sich in ihrer Sexualität als homophil erleben. Manche von ihnen leiden darunter, leiden auch unter unsensiblen Christen, andere leben diese Ausrichtung öffentlich und unkompliziert. In jedem Fall aber ist die ganze Gesellschaft von praktizierter Homosexualität betroffen, mithin auch die Kirchen. Einerseits sagt Jesus sehr klar: „Ihr sollt nicht meinen, dass ich gekommen bin, das Gesetz oder die Propheten aufzulösen; ich bin nicht gekommen aufzulösen, sondern zu erfüllen" (Mt 5,15). Andererseits sagt er: „Seid barmherzig, wie auch euer Vater barmherzig ist" (Lk 6,36). Zu der Frau in Johannes 8 sagt er: „Hat dich niemand verdammt? … So verdamme ich dich auch nicht!". Aber dann: „Geh hin, und sündige hinfort nicht mehr!" (Joh 8,10-11*). Besonders dieser letzte Satz wird gerne vergessen oder unterschlagen. Aber es gehört beides zusammen. Es geht immer um Gottes verbindliches Wort, und es geht immer um Menschen in konkreten Situationen. Es geht immer um Wahrheit und um Gnade. Jesus selber hat uns dies vorgelebt.

Wie sehr bei dieser Frage letztlich das Schriftverständnis ausschlaggebend ist, das verdeutlich Pfarrer Dieter Keucher, bis 2011 Vorsitzender der GGE, mit seinem Beitrag „Diskussion zum Schriftverständnis" auf Seite 40. Denn letztlich geht es bei der Debatte nicht um die Frage der Homosexualität im Pfarrhaus, sondern es geht im Tiefsten um die Frage des Umgangs mit der Heiligen Schrift und damit um die Bedeutung bzw. Autorität der Bibel in den Bereichen von Lehre und Lebensführung.

Pfarrer Gunther Geipel ist es gelungen, in der Spannung zwischen Gültigkeit der Heiligen Schrift auf der einen und konkreter Barmherzigkeit auf der anderen Seite die Balance zu halten. Das macht diese Schrift nicht reißerisch, sondern ganz im Gegenteil: Gunther Geipel schreibt ausgewogen, ruhig, bedacht, gründlich. Dafür danke ich ihm sehr.

Als GGE wollen wir weder schweigen noch polarisieren. Wir wollen sachlich und fundiert Grundlagen liefern für die Positionsbestimmung in der Frage von „Homosexualität und Pfarrhaus". Theologie ohne Barmherzigkeit verkommt zu pharisäischer Ideologie. Und Barmherzigkeit ohne Wahrheit verkommt zu verhängnisvoller und damit letztlich bedeutungsloser Nettigkeit. Weil Gott uns liebt, deshalb zieht er – biblisch bezeugte – Grenzen. Von Anfang an hat es der Menschheit nicht gut getan, diese Grenzen zu missachten bzw. zu überschreiten. Das gilt auch für Synoden. Als Geistliche Gemeinde-Erneuerung in Deutschland werden wir deshalb nicht müde, uns selbst und unsere Kirche immer wieder grundlegend von Gottes Wort her zu verstehen und gegebenenfalls zurückzurufen.

Vor diesem Hintergrund liefern beide Autoren, Gunther Geipel und Dieter Keucher, einen sehr wichtigen Beitrag, damit sich Interessierte, Gemeindeglieder und Verantwortliche in der Frage von Homosexualität und Pfarramt eine eigene Meinung bilden können.

Jesus sagt: „Habt Salz bei euch und habt Frieden untereinander!" (Markus 9,50).

Pfarrer Henning Dobers, 1. Vorsitzender der Geistlichen Gemeinde-Erneuerung in der Evangelischen Kirche

Vorbemerkung und Zusammenhang

Im Oktober 2010 rief die Kirchenleitung der Evangelisch-Lutherischen Kirche in Sachsen die Arbeitsgruppe „Homosexualität in biblischem Verständnis" mit folgendem Auftrag ins Leben: „Die Kirchenleitung setzt eine Arbeitsgruppe der Kirchenleitung ‚Homosexualität in biblischem Verständnis' zur Evaluation der in den zurückliegenden Jahren mit ihrem Beschluss vom 29.8.2001 gemachten Erfahrungen zum Umgang mit der Homosexualität ein. Der biblische Textbefund und das Schriftverständnis sollen schwerpunktmäßig in die Erörterung einbezogen werden."

Folgende Vertreter gehörten der Arbeitsgruppe an: Landesinspektor Matthias Dreßler, Pfarrerin Ulrike Franke, Pfarrer i.R. Dieter Keucher, Prof. Dr. Rüdiger Lux, Superintendent Dr. Peter Meis, OLKR Dr. Christoph Münchow (Vorsitz), Frau Ursula Richter, Pfarrer Thomas Schönfuß, Superintendent Johannes Uhlig, Kirchenrätin z. A. Viola Vogel, Pfarrer Christoph Wohlgemuth, OKR Dr. Thilo Daniel (Geschäftsführung).

Der Abschlussbericht der Arbeitsgruppe zitiert zu Beginn den geltenden Beschluss von 2001:

„Der Beschluss von 2001 hat zwei Teile: Die Aufnahme der Beratungsergebnisse der Kirchenleitung von 1986/1987 und neue Formulierungen 2001 (im Text kursiv) mit Blick auf das am 1. August 2001 in Kraft getretene ‚Gesetz über die Eingetragene Lebenspartnerschaft': ‚Die Segnung homosexueller Partnerschaften kommt in unserer Landeskirche mit Blick auf das biblische Zeugnis nicht in Betracht. Wohl aber ist die Segnung homosexuell geprägter Menschen im Rahmen der persönlichen Seelsorge möglich. Die Kirchenleitung bestätigt die bisherigen Regeln im Umgang mit homosexueller Prägung von Amtsträgern und Mitarbeitern im Verkündigungsdienst. Das heißt, dass diese Prägung keine Auswirkung auf das Dienstverhältnis hat, wenn die betreffende Person

a) Homosexualität nicht propagiert,
b) eine homosexuelle Beziehung nicht im Pfarrhaus gelebt und nicht zum Inhalt der Verkündigung gemacht wird,
c) den Kirchenvorstand informiert und dieser die Zusammenarbeit für möglich hält.

Das Begründen einer eingetragenen Lebenspartnerschaft steht nicht im Einklang mit diesen Regeln.'"

Auf der Klausurtagung der Evangelisch-Lutherischen Kirche Sachsens im Januar 2012 in Dresden wurde offiziell beschlossen, dass in Sachsen ab dem 1. Juli 2012 homosexuelle Pfarrerinnen und Pfarrer unter bestimmten Voraussetzungen gemeinsam im Pfarrhaus leben dürfen. Voraussetzung ist allerdings eine eingetragene Lebenspartnerschaft des Paares und die einmütige Zustimmung des Kirchenvorstandes. Eine wichtige Entscheidungsgrundlage des Beschlusses war der Abschlussbericht der Arbeitsgruppe „Homosexualität in biblischem Verständnis".

„Nicht primär die grundsätzlichen Erwägungen zum Schriftverständnis, sondern die Folgerungen in den Fragen des Umgangs mit Homosexualität führen zu Unterschieden, so dass die eine Position der anderen nicht folgen kann." So formuliert der Bericht der Arbeitsgruppe die abschließenden Schlussfolgerungen, die sich aus der Beratung ergeben haben. Außerdem wird festgehalten: „Ein kleiner Teil der Arbeitsgruppe betont, dass die bisherige Regelung der Kirchenleitung grundsätzlich beibehalten werden soll. Ein größerer Teil der Arbeitsgruppe spricht sich für eine Neuregelung des Kirchenleitungsbeschlusses und für die Zulassung des Zusammenlebens im Pfarrhaus aus."

Als Gegenreaktion zu dem Beschluss der Landeskirche wurde am 30. Januar 2012 die Sächsische Bekenntnis-Initiative gegründet. Sie ist ein Zusammenschluss von Kirchengemeinden, Gemeinschaften, Werken und Einzelpersonen der Landeskirche Sachsens. Aus Sicht der Initiative ist der Beschluss der Kirchenleitung nicht mit den Aussagen der Bibel in Einklang zu bringen. In ihrem Auftrag schrieb Pfarrer Gunther Geipel die Stellungnahmen „Homosexualität und Pfarrhaus" und „Wichtiges und Neues zum biblischen Verständnis von Homosexualität" die wir als Grundsatzartikel dieser Publikation abdrucken sowie eine weitere schriftliche Darlegung zu Bibel und Schriftverständnis von Pfarrer Dieter Keucher. Zwei weitere Veröffentlichungen, der offene Brief der Altbischöfe und die Begründung zum Pfarrdienstgesetz, ergänzen die erwähnten Texte.

Der vollständige Bericht der Arbeitsgruppe zum Thema Homosexualität ist unter folgendem Link als PDF erhältlich: www.evlks.de/doc/Abschlussbericht_komplett.pdf

Die offiziellen Dokumente und Veröffentlichungen der EKD zum Thema Homosexualität finden Sie hier: www.ekd.de/homosexualitaet/homosexualitaet_publikationen.html

Homosexualität und Pfarrhaus

Gunther Geipel, der Autor der beiden folgenden Texte, ist Pfarrer der Evangelisch-Lutherischen Landeskirche Sachsens in Bad Elster im Vogtland und Mitglied der Sächsischen Bekenntnis-Initiative, des Leitungskreises der GGE-Sachsen und des Vogtländischen Leiterkreises. Die beiden hier veröffentlichten Texte „Homosexualität und Pfarrhaus" und „Neues und Wichtiges zum biblischen Verständnis der Homosexualität" sind im Auftrag der Sächsischen Bekenntnis-Initiative von ihm verfasst worden.

Vorbemerkung

Wenn die spezielle Frage homosexueller Lebensgemeinschaften im Pfarrhaus substantiiert bedacht werden soll, ist ein breiterer Blickwinkel unverzichtbar. Dass ich dabei aus einer tiefen Betroffenheit heraus schreibe – und nicht von arroganter Besserwisserei getrieben – wird hoffentlich in den folgenden Texten deutlich werden.

1. Grundlagen

a) Gottesebenbildlichkeit und Ethik
Der Mensch ist Gottes Ebenbild. Gott liebt alle Menschen. Die Würde eines jeden von Gott geschaffenen und geliebten Menschen ist unantastbar. Zu seinem Besten sind dem Menschen schöpfungsmäßige Vorgaben und ethische Orientierungslinien gegeben.

Ich möchte ausdrücklich betonen, dass ich es sehr gut verstehe und von Herzen unterstütze, wenn die Liebe Gottes zu allen Menschen, gerade auch für Minderheiten, betont wird. Eine Diskriminierung von Minderheiten widerspricht der Heiligen Schrift diametral. Andererseits aber kann ich es nicht akzeptieren, wenn Theologen die Ordnungen Gottes, hinter denen ja auch Liebe steht, mit aus meiner Sicht exegetisch unhaltbaren Argumenten anfechten. Und in ethisch fundamentalen und exegetisch eindeutigen Fragen ein „Unentschieden" auszurufen und sich auf die legitime Möglichkeit der beiden Wege zu berufen, die Paulus in der Frage des Essens oder Nichtessens von Götzenopferfleisch aufzeigt, ist unsachgemäß.

b) Sexualität
Sexualität deckt vier Bereiche ab: 1. Identität, 2. Lust, 3. Beziehung, 4. Fortpflanzung. Auch eheliche Liebe kann diese vier Bereiche nicht in jeder einzelnen sexuellen Begegnung abdecken. Homosexualität aber bleibt hier grundsätzlich rudimentär, was den erstgenannten und den letztgenannten Bereich angeht.

c) Pfarrhaus

Unter Leben im Pfarrhaus verstehe ich nicht nur das Geschehen in einem speziellen Gebäude. „Haus" hat traditionellerweise die Zweitbedeutung „Familie". Es kann also nicht um die Förderung einer Doppelmoral gehen („im Pfarrhaus verboten, im Nachbarhaus erlaubt"), sondern um das Leben des Pfarrers/der Pfarrerin insgesamt.

Die Neigung zur Homosexualität – in der Regel bei dem Betroffenen schon in seiner Kindheit und ohne sein Verschulden ausgelöst – ist von praktizierter Homosexualität zu unterscheiden. Eine christliche Gemeinde wäre deshalb ggf. zu ermutigen, einen bewusst zölibatär lebenden Pfarrer mit homosexuellen Neigungen anzunehmen, zu tragen und für die Wiederherstellung seiner gottgegebenen Identität zu beten – mit langem Atem und ohne Ausübung von Druck und ohne Vorwurf!

d) Zwei Pole

Der Trierer Professor für Moraltheologie, Helmut Weber, benennt die beiden Pole einer christlichen Haltung zu homosexuellen Menschen und zur Homosexualität folgendermaßen: „So wenig es eine Diskriminierung der Person geben darf, so wenig darf man andererseits den Mangel übersehen, den die Person mit der homosexuellen Ausrichtung und Orientierung erleidet."[1]

In einem offenen Brief aus dem Jahr 2011 schrieben acht Altbischöfe[2] zu diesen beiden Polen: „Wenn die Ordnung der Kirche eine Ordination gleichgeschlechtlich Lebender und ihre Aufnahme in den pfarramtlichen Dienst ausschließt, so bedeutet das keineswegs, dass diesen damit ihre Menschenwürde abgesprochen würde. Aber wenn die Kirche an dieser Ordnung als einer Ordnung Gottes und nicht als starrsinnige Traditionalität von Menschen festhält, dann sollte ihr Recht dazu nicht im Namen von allgemeinen Menschenrechten bestritten werden."[3]

---

[1] Weber, Helmut, Spezielle Moraltheologie. Grundfragen des christlichen Lebens, Graz-Wien-Köln 1999, S. 346

[2] Dieser Brief gegen die neue Linie der EKD bezüglich der Öffnung der Pfarrhäuser für gleichgeschlechtliche Lebenspartnerschaften wurde unterzeichnet von den emeritierten Bischöfen Eduard Berger, Heinrich Hermanns, Jürgen Johannesdotter, Dr. Werner Leich DD, Prof. Dr. Gerhard Maier, Prof. Dr. Gerhard Müller, Dr. Theo Sorg und Prof. Dr. Ulrich Wilckens.

[3] http://www.evangelisch.de/themen/religion/der-offene-brief-der-altbisch%C3%B6fe-gegen-homosexuellepfarrerspaare31341

e) Programmatisches

Diese Sicht der bleibenden Menschenwürde und zugleich der bleibenden Ordnungen Gottes soll im Folgenden durch humanwissenschaftliche, biblisch-exegetische, systematisch-theologische, anthropologisch-kulturgeschichtliche, kirchengeschichtlich-ökumenische und pastoraltheologisch-seelsorgerliche Einsichten näher erläutert und erklärt werden. Da die Frage nach dem biblischen Zeugnis und nach den Konsequenzen für die Kirche zugleich auf hermeneutische Fragen zurück verweist, soll auch eine kurze hermeneutische Skizze gezeichnet werden.

2. Humanwissenschaften

a) Keine empirischen Belege für genetische Ursachen der Homosexualität

1993 wurden in der (neben „Nature") weltweit wichtigsten Wissenschaftszeitschrift „Science" Forschungsergebnisse von Dean Hamer veröffentlicht, die eine genetische Ursache für Homosexualität nahelegten.[4] Diese wurden jedoch 1999 durch eine kanadische Forschergruppe um George Rice widerlegt.[5] Der aktuelle Sachstand ist seitdem: Es lässt sich kein Hinweis auf einen genetischen Einfluss finden.[6]

Der Psychiater und Theologe Manfred Lütz fasste im Jahr 2000 den Sachstand humanwissenschaftlicher Forschung so zusammen, dass die Ursachen der Homosexualität nach Auffassung der Fachleute noch weitgehend ungeklärt seien.[7] Er warnte dementsprechend vor vorschnellen Schlussfolgerungen.

Und Martin Dannecker, Professor am Institut für Sexualwissenschaft der Universität Frankfurt/Main und ausdrücklicher Befürworter der Homosexuellenbewegung, schrieb, ebenfalls im Jahr 2000, in einem Gutachten für die Bundesregierung: „Alle in der Vergangenheit angestellten Versuche, die Homosexualität biologisch

---

[4] Hamer et al. A linkage between DNA markers on the X chromosome and male sexual orientation. Science 1993 Jul 16; 261(5119):321-7. (Hamer war es übrigens auch, der 2004 die Existenz eines „Gottes-Gens" postulierte, das für spirituelle und religiöse Erlebnisse verantwortlich sein soll.)

[5] Rice, et al. Male homosexuality: absence of linkage to microsatellite markers at Xq28. Science 1999 Apr 23; 284(5414):665-7. Wickelgren I. Discovery of ‚gay gene' questioned. Science 1999 Apr 23; 284(5414):571.

[6] Näheres zum Forschungs- und Publikationsverlauf um das „Schwulen-Gen" siehe: http://www.bio. davidson.edu/courses/genomics/2002/pierce/gaygene.htm

[7] Lütz, Manfred, Wenig wirklich gesichertes Wissen. Kirche und Homosexualität, in: Deutsche Tagespost, 19.09.2000, S. 12

zu verankern, müssen als gescheitert bezeichnet werden. Auch in allerjüngster Zeit wurden einmal mehr beträchtliche Forschungsanstrengungen unternommen, das ausschließliche sexuelle und erotische Interesse am eigenen Geschlecht als biologisch determiniert nachzuweisen [...] Bei diesen Forschungen handelt es sich sowohl um psycho-endokrinologische und genetische Forschungen als auch um Hirnforschung sowie um Forschungen an monozygoten und heterozygoten Zwillingen [...] Diese Forschungen haben bislang nicht zu tragfähigen und konsistenten Resultaten geführt."[8]

Am 11. August 2010 war endlich sogar im „Spiegel" zu lesen: „Der Abschnitt Xq28 auf dem Geschlechtschromosom X war mal richtig berühmt. Auf ihm, so der amerikanische Molekularbiologe Dean Hamer Anfang der neunziger Jahre, liege das ‚Schwulen-Gen'. Die vermeintliche Entdeckung einer biologischen Grundlage der Homosexualität sorgte damals für Debatten in der ganzen Welt. Die einen begrüßten die triumphale Meldung der Biologen: Wenn das Schwulsein angeboren sei, würden es alle Teile der Gesellschaft endlich als naturgegeben akzeptieren – mehr Verständnis für homosexuelle Männer werde die Folge sein. Andere fürchteten eine verstärkte Diskriminierung von Schwulen. Jetzt, da der ‚Defekt' entdeckt sei, könne man die Betroffenen per Gentest ausfindig machen und versuchen, sie zu behandeln. Sexualwissenschaftler, Soziologen und Aktivisten meldeten sich zu Wort; Journalisten widmeten dem scheinbar sensationellen Befund große Geschichten. Doch es war viel Lärm um nichts: Xq28 umfasst vier Millionen Basenpaare – das postulierte ‚Schwulen-Gen' hat sich trotz intensivster Suche bis heute nicht finden lassen. Die beteiligten Forscher haben sich schwer blamiert."[9]

„Niemand wird schwul oder lesbisch geboren. Das belegen auch Hirn- und Zwillingsforschung."[10] Alle bekannten Fakten deuten darauf hin, dass Homosexualität im Wesentlichen als entwicklungsbedingt und psychosozial gesteuert verstanden werden muss. Die Forschungsgeschichte der letzten 20 Jahre sollte uns zudem wieder neu zu Bewusstsein bringen, dass die Wissenschaft von heute schon morgen die Wissenschaft von gestern sein kann.

---

[8] Dannecker, Martin, Sexualwissenschaftliches Gutachten zur Homosexualität. In: Basedow, Jürgen et al.: Die Rechtsstellung gleichgeschlechtlicher Lebensgemeinschaften. Tübingen 2000, S. 339

[9] www.spiegel.de/wissenschaft/natur/0,1518,711227,00.html

[10] http://www.dijg.de/homosexualitaet/wissenschaftliche-studien/fakten-hinweise-wenigoeffentlichkeit/?sword_list%5B0%5D=spiegel

b) Die Streichung aus den Diagnoselisten

Das Jahr 1973 war der entscheidende Wendepunkt in der Geschichte der Psychiatrie bezüglich ihrer Stellung zur Homosexualität. 1973 beschloss die „American Psychiatric Association", Homosexualität aus dem „Diagnostic and Statistical Manual of Mental Disorders" (DSM) zu streichen. Und dafür waren nicht etwa neue Forschungsergebnisse der Grund! „Anna Freud fand ein wichtiges Motiv für homosexuelle Neigungen beim Mann: Der homosexuelle Akt soll die in der Entwicklung des Jungen nicht gelungene Identifizierung mit der Männlichkeit ‚herstellen'. Sie entwickelte den Begriff der Homosexualität als ‚reparativer' (herstellender) Antrieb, ein Konzept, auf dem heute die Reparativtherapie beruht. Irving Bieber fand heraus, dass die nicht gelungene Beziehung zwischen Vater und Sohn in der Kleinkindphase ein typisches Merkmal in der Geschichte homosexuell orientierter Männer bildet. Diese Forschungen wurden nie widerlegt. […] Siebzig Jahre lang blieb es Lehrmeinung von Therapeuten und Psychiatern, dass Homosexualität psychologisch gesehen einen ungelösten Geschlechts-Identitätskonflikt darstellt. Bis 1973 war deshalb Homosexualität als emotionale Störung in der einflussreichen Diagnoseliste der Amerikanischen Psychiater-Vereinigung (APA) zu finden. Als sich das änderte, waren nicht neue Forschungs-ergebnisse der Grund, sondern ein verändertes gesellschaftliches Klima."[11]

Im „Journal of Psychohistory" war später darüber zu lesen (hier in deutscher Übersetzung): „Viele Psychiater sahen die Entscheidung [von 1973] in naiver Weise als ‚einfache' Streichung einer Diagnose, um Ungerechtigkeiten zu beseitigen. In Wirklichkeit schuf es Ungerechtigkeiten für den homosexuell Empfindenden, denn es war ein Unrecht an der Wahrheit und verhinderte damit, dass Homosexuelle psychoanalytische Hilfe suchen und finden konnten."[12] – Aber der Zug war für längere Zeit in die falsche Richtung abgefahren. Dass medizinische und psychologische Krankheitsklassifizierungen grundsätzlich keine die Menschenwürde verletzenden Stigmatisierungen sein wollen und dürfen, ist hier vorausgesetzt.

c) Genügend empirische Belege für Veränderbarkeit

Der Salzburger Weihbischof und Professor für Moraltheologie, Dr. Andreas Laun, sagt treffend: „Was nun die Frage der Veränderbarkeit von homosexuellen Neigungen betrifft, ist genau dies der Punkt: Es ist eine empirische Frage, sie ist

---

[11] http://www.narth.com/docs/ger_vonholdt.pdf 1, S. 2

[12] Socarides, Ch., Sexual Politics and Scientific Logic, in: Journal of Psychohistory, 10,3, 1992, S. 308

durch Erfahrung und Zeugen längst beantwortet!"[13] Besonders eindrücklich, und aufgrund ihrer Standards besonders repräsentativ, ist das Ergebnis einer Studie von Robert L. Spitzer.[14] „Robert L. Spitzer M.D. ist Professor für Psychiatrie und Leiter des biometrischen Forschungszentrums am staatlichen psychiatrischen Institut der Stadt New York in den USA. Er ist international bekannt als Experte für psychiatrische Diagnosen sowie für die Klassifikation psychischer Störungen. Dr. Spitzer spielte eine Schlüsselrolle 1973, als die Amerikanische Psychiatrische Gesellschaft (APA) beschloß, Homosexualität aus der Liste psychischer Störungen zu streichen."[15] – Nun sind aber seine eigenen Ergebnisse einer nach strengen Kriterien durchgeführten Untersuchung an 200 Personen, dass ein großer Teil der durch Seelsorge oder Therapie betreuten Menschen ihre homo-erotische oder homo-sexuelle Prägung überwinden konnten.[16] Professor Robert L. Spitzer sagte selbst: „Wie die meisten Psychiater dachte ich, dass man dem homosexuellen Verhalten widerstehen kann – aber dass niemand wirklich seine sexuelle Orientierung verändern könne. Ich glaube jetzt, dass das nicht wahr ist …"

Uwe Buß, ehemals homosexuell, sagte in einem Interview: „In den kritischen Sexualwissenschaften geht man davon aus, dass in den Sexualitäten oft nichtsexuelle Sehnsüchte eine wesentliche Rolle spielen. Wenn aber unsere sexuellen Empfindungen so eng mit unseren unbewussten Sehnsüchten und nichtsexuellen Bedürfnissen verbunden sind, dann kann gerade hier auch ein Schlüssel für gezielte Veränderung liegen. So haben Studien nachgewiesen, dass der homosexuellen Sehnsucht beim Mann oft das tiefe, nicht-sexuelle Bedürfnis nach Annahme und Bestätigung der eigenen Männlichkeit zugrunde liegt. Wird aber dieses Bedürfnis auf nicht-sexuelle Weise befriedigt, kann sich das homosexuelle Verlangen dadurch deutlich verringern. Homosexualität ist also veränderbar. Es gab in den letzten vierzig Jahren immer wieder Forschungsergebnisse, die die Möglichkeit der Veränderung einer homosexuellen Orientierung bestätigt haben" [17]

---

[13] http://www.kath-info.de/homo.html

[14] Spitzer, R., Can Some Gay Men and Lesbians Change Their Sexual Orientation? 200 Participants Reporting a Change from Homosexual to Heterosexual Orientation, Arch Sex Behavior, 32, 5, 2003, S. 403-417.

[15] http://www.dijg.de/homosexualitaet/wissenschaftliche-studien/spitzer-veraenderbarkeit-homosexueller-orientierung/

[16] Details dazu unter: http://www.dijg.de/homosexualitaet/wissenschaftliche-studien/spitzer-veraenderbarkeithomosexueller-orientierung/

[17] http://www.kath-info.de/homo.html

3. Anthropologie und Kulturgeschichte

„Jeder hat das Recht, seine sexuellen Triebe auszuleben." Wirklich? Auch die pädophil empfindenden Menschen? Letztere machen nach weltweiten Untersuchungen eine gewaltige Zahl aus: Etwa ein Prozent aller erwachsenen Männer haben eine primärpädophile Ausrichtung.

Der Mensch aber ist eben nicht primär ein Triebwesen. Er kann ein vor seinem Gott ethisch verantwortliches Leben wählen.[18] Und hier sind um des höheren Gewinnes willen bewusste Verzichtsleistungen bei Ledigen und bei verheirateten heterosexuellen Menschen ebenso gefordert wie bei Menschen mit anders orientierten Empfindungen. Diese „Ethik-Fähigkeit" unterscheidet den Menschen vom Tier. Der Hinweis auf praktizierte Homosexualität im Tierreich ist deshalb nur sehr bedingt zielführend, da der Mensch von Gott im Gegensatz zum Tier eben mit Freiheit ausgestattet ist, Freiheit zu wählen, Freiheit sich zu entscheiden.[19] Und die Sicht des Menschen als reines Triebwesen beraubt ihn gerade seiner von Gott verliehenen Würde.

Ebenso führt diese Sicht zum kulturellen Abbau. Hier ist auf den Anthropologen Joseph D. Unwin (1895-1936) aufmerksam zu machen, der den Zusammenhang zwischen sexueller Regulierung und kulturellem Standard untersuchte.[20] „Unwin untersuchte achtzig „unzivilisierte Gesellschaften" und die Hochkulturen der Babylonier, Sumerer, Athener, Römer, Angelsachsen und Engländer, um die Frage zu klären: Welchen Einfluß haben die sexuellen Normen einer Gesellschaft auf die Höhe der Kultur? Das Ergebnis in einem Satz: Je größer die sexuelle Beschränkung, um so höher das kulturelle Niveau; je geringer die sexuelle Beschränkung, um so niedriger das kulturelle Niveau. Von dieser Regel gibt es keine Ausnahme."[21]

Unwins Schlussfolgerung: „Manchmal hört man, daß jemand die Vorteile eines hohen kulturellen Niveaus genießen möchte und gleichzeitig die Begrenzung

---

[18] Die Gebrochenheit durch die Sünde wäre hier noch zu bedenken, aber auch die Erlösung durch Christus; doch dazu später.

[19] Die theologische Diskussion um den unfreien Willen (Luther gegen Erasmus) liegt auf einer anderen Ebene.

[20] Unwin, J. D., Sex and Culture, Oxford University Press, London: Humphrey Milford, 1934

[21] http://www.kath-info.de/pornografie.html#unwin

der sexuellen Triebbefriedigung abschaffen wolle. Das Wesen des menschlichen Organismus scheint jedoch so beschaffen zu sein, daß diese Wünsche unvereinbar sind, sogar einander widersprechen. Solch ein Reformer gleicht dem törichten Jungen, der den Kuchen essen und gleichzeitig behalten will. Jede menschliche Gesellschaft hat die Freiheit, sich zu entscheiden, ob sie hohe soziale Energie oder sexuelle Freizügigkeit will. Die Fakten zeigen, daß beides gleichzeitig nicht länger als eine Generation möglich ist."[22]

Prof. Dr. Josef Spindelböck sagt dazu: „Die von Unwin in seiner Hauptthese aufgezeigten Zusammenhänge sind zwar in einschlägigen Kreisen bekannt und anerkannt; im öffentlichen gesellschaftlichen Diskurs hindert es gegenwärtig eine so genannte ‚political correctness‘ im Rahmen der Gender- und Homosexualitäts-Ideologie, dass die Ergebnisse Unwins zum Gegenstand weiterer Analysen und Schlussfolgerungen gemacht werden."[23]

In seiner Ansprache vor den Mitgliedern des Diplomatischen Corps nannte Papst Benedikt XVI. am 11. Januar 2010 als allgemeine Regel: „Der Weg des Menschen kann nicht von der Willkür oder vom Verlangen bestimmt sein, sondern muß vielmehr darin bestehen, dem vom Schöpfer gewollten Gefüge zu entsprechen."[24]

Abschließend dazu sei der jüdische Journalist Dennis Prager zitiert: „Das Fundament unserer Zivilisation ... war die zentrale Rolle und die Reinheit des Familienlebens. Aber die Familie ist nicht so sehr eine naturgegebene Einheit, als vielmehr ein Wert, der kultiviert und geschützt werden muß. Die Griechen attackierten die Familie im Namen der Schönheit und des Eros. Die Marxisten attackierten sie im Namen des Fortschritts. Und heute attackiert sie die Homosexuellen-Bewegung im Namen des Mitgefühls und der Gleichheit. Ich verstehe, warum homosexuell Lebende das tun. Das Leben ist für viele von ihnen hart gewesen. Was ich nicht verstanden habe, ist, warum sich Juden oder Christen diesen Angriffen anschließen. Jetzt weiß ich es. Sie wissen nicht, was auf dem Spiel steht. Auf dem Spiel steht unsere Zivilisation."[25]

---

[22] Unwin, J. D., Sex and Culture, S. 412, hier in deutscher Übersetzung wiedergegeben nach: http://www.dijg.de/sexualitaet/joseph-unwin-sex-culture. (Diese Webseite bietet eine Übersicht über den Weg und die Ergebnisse der Studien Unwins.)

[23] http://www.kath-info.de/homo.html

[24] http://www.vatican.va/holy_father/benedict_xvi/speeches/2010/january/documents/hf_benx-vi_spe_20100111_diplomatic-corps_ge.html

[25] http://www.dijg.de/homosexualitaet/kirche/irrwege-homo-ehe/

4. Hermeneutik

Vor den exegetischen Ausführungen soll ein Blick auf die „oberste Instanz" und den Weg unseres Verstehens gerichtet werden.[26] Eine kanonisch-intentionale Schriftauslegung, wie wir sie von Jesus lernen können, sucht den guten zielhaften Willen Gottes im biblischen Einzeltext und im Gesamtzusammenhang der Heiligen Schrift.[27] Das heißt, dass die *intentio operis* (also die genuine Absicht des Textes) nicht durch die *intentio lectoris* (der Absicht des Lesers) verfälscht werden darf. Eine Grundregel aller gesunden Hermeneutik heißt: „Ein Text ist so zu verstehen, wie er verstanden sein will, d.h. wie er sich selbst versteht." (H. Gese). Bei einer christlichen Bibelexegese kommt ein wesentliches weiteres Moment dazu: Wir lesen den einzelnen Text zugleich als Teil des biblischen Kanons.

Luther schreibt in seiner „Assertio omnium articulorum" von 1521: „scriptura [...] ipsa per sese certissima, facillissima, apertissima, sui ipsius interpres" (die Schrift selbst ist aus sich selbst heraus die sicherste, am leichtesten zugängliche Auslegerin ihrer selbst) (WA 7,97,23). Wenn wir also eine „Schriftlehre, die von der Schrift selbst zu lernen sucht",[28] wollen, dann haben wir zuallererst ohne verstellende Nebenabsichten gut zuzuhören und damit „Jünger" des großen Schriftauslegers Jesus zu sein. Im Römerbrief-Kommentar sieht Karl Barth jegliche Exegese nur dann als angemessen, wenn „sie geschieht in der entschlossenen Hinwendung zum Text, der aller Exegese gegenüber einen Vorsprung behält."[29] Wir treten immer mit unserem nur vorläufigen Verstehen an den Text heran, das dann bei der Begegnung mit dem Text überholt und modifiziert, ggf. auch korrigiert wird und zerbricht.

Dass wir der Bibel in einer vierfachen „hermeneutischen Differenz" und somit (bei aller Nähe) zugleich mit einer Fremdheitserfahrung begegnen, macht Exegese nötig und sinnvoll. Wir stoßen auf:

---

[26] Ausdrücklich verwiesen sei hier auf den durchgängig erhellenden und schlüssigen Beitrag zum Schriftverständnis von Pfr. Dieter Keucher, das dem „Abschlussbericht der Arbeitsgruppe der Kirchenleitung Homosexualität in biblischem Verständnis" angefügt ist.

[27] Intentionalität wird hier nicht als Begriff der Philosophie des Geistes (Franz Brentano, Edmund Husserl u.a.), also im Sinne der „Wahrheitswertfähigkeit" verstanden, sondern als hermeneutischer Begriff, der das Bemühen um ein „kernhaftes" Verstehen des Aussagewillens beschreibt.

[28] Hempelmann, H., Plädoyer für eine Hermeneutik der Demut. Zum Ansatz einer Schriftlehre, die von der Schrift selbst zu lernen sucht: ThBeitr 33, 2002

[29] Barth, K., Römerbrief, München 1923, S. XII.

- die linguistische Differenz (ich muss im biblischen Urtext jeweils eine andere als meine Muttersprache verstehen),
- die historische Differenz (ich begegne – selbst in meiner Muttersprache – einem sprachlich gealterten Text, der frühere Denk- und Erlebniswelten zum Inhalt hat)
- die poetologisch/rhetorische Differenz (ich höre in der Bibel häufig eine Sprache aus dem Bereich der Dichtkunst, die sich von der Alltagssprache unterscheidet und die entsprechend auch anders, z.B. metaphorisch, zu verstehen ist)
- und die theologische Differenz (ich höre von Gott und seiner so anderen Welt).

Dass die Bibel als geschriebener und überlieferter Text zugleich ein „offenes Kunstwerk" (Umberto Eco) ist, dass es eine „Nachreife auch der festgelegten Worte" (Walter Benjamin) geben darf und soll und dass gilt: „Iteration is not simply repetition" (Jacques Derrida), ist eine Freude und ein Weg zu immer größerem Reichtum. Theologie ist von der Bibel selbst her auch „Theopoesie" und damit ein Hinweis auf die Heiterkeit und den Glanz des Himmels.

Wenn aber die Differenzerfahrung zur Ablehnung der Textintention führt und die aktualisierende und poetische Offenheit die gesunden „Grenzen der Interpretation" (Umberto Eco) überschreitet, ist es ein Schmerz und ein hermeneutisches Dilemma. Dieses „hermeneutische Dilemma" findet sich in der aktuellen Debatte zur Homosexualität. Zwar ist die subjektive Willigkeit, den Text sagen zu lassen, was er sagt, niemandem vorschnell abzusprechen. Und ausdrücklich möchte ich betonen: Gerade unserer Kirchenleitung will ich diese Willigkeit nicht absprechen. De facto aber – und das soll nun gezeigt werden – ist nicht wirklich die Bibel, sondern der Zeitgeist zur obersten Instanz erhoben geworden. Die Bibel muss sich einer „Exegese der willkommenen Bestätigung" fügen und wird nicht mehr wirklich intentional gehört. Denn: „Was dem Herzen widerstrebt, lässt der Kopf nicht ein." (Arthur Schopenhauer)

5. Exegese

a) Der alles überragende „rote Faden"
Es gibt den alles überragenden „roten Faden", der sich durch die gesamte Heilige Schrift zieht: die Liebe Gottes zu uns sündigen Menschen, die Erlösung durch Christus, die geschenkweise Rechtfertigung und Erneuerung des Sünders, das gegenwärtige und kommende Reich Gottes. Diese Liebe gilt auch homophilen und homosexuellen Menschen. Wie anders als mit Annahme und Liebe sollten wir sie behandeln, nachdem wir selbst von Gott so behandelt worden sind und immer wieder so behandelt werden?

b) Der eindeutige „schwarze Faden"

Wie die EKD in ihrer Denkschrift festgestellt hat, „gibt [es] keine biblischen Aussagen, die Homosexualität in eine positive Beziehung zum Willen Gottes setzen – im Gegenteil". Und Landesbischof Jochen Bohl sagte in seiner Rede anlässlich der Klausurtagung der Kirchenleitung am 20./21.01.2012 zum Umgang mit Homosexualität: „Homosexuelle Praxis wird in der Bibel, wenn sie erwähnt wird, ausnahmslos mit scharfen Worten verurteilt." Diesen Zusammenfassungen muss eigentlich nichts hinzugefügt werden.

Du sollst nicht bei einem Manne liegen wie bei einer Frau; denn es ist ein Gräuel. (3. Mose 18,22)

Wenn jemand bei einem Manne Knaben liegt wie bei einer Frau, die haben einen Gräuel getan und sollen beide des Todes sterben; Blutschuld lastet auf ihnen. (3. Mose 20,13)

Hier ist vom „roten Faden" her Jesu Begegnung mit der Ehebrecherin ins Gespräch zu bringen und dies auf Homosexualität zu übertragen. Jesus verurteilt nicht, obwohl zu dieser Zeit das Urteil klar und eindeutig gewesen wäre. Er sagt aber: „Geh hin und sündige von nun an nicht mehr!" Oder in anderen Worten: „Ich, Gott/Jesus, nehme Dich an und verurteile Dich nicht, aber ändere Du Dein Leben!" Diese Annahme kann in Menschen Wunder (=Wandel) vollbringen.

Die Aussagen in 3. Mose 18, 22 und 20, 13 stehen innerhalb des „Heiligkeitsgesetzes" und betreffen damit ganz direkt die Gottesbeziehung: die Heiligkeit Gottes soll in der Heiligung Israels ihren Widerhall finden. Die Beachtung des Gesetzes im Gottesvolk soll so etwas wie die „Visitenkarte Gottes" unter den Völkern sein. Bei allem Wissen um den „roten Faden" bleibt diese Aufgabe auch für die Gemeinde Jesu bestehen – und wird durch das homosexuelle Pfarrhaus verfehlt.

Darum hat sie Gott auch dahingegeben in entehrende Leidenschaften. Denn ihre Frauen haben den natürlichen Gebrauch vertauscht mit dem widernatürlichen; gleicherweise haben auch die Männer den natürlichen Verkehr mit der Frau verlassen und sind gegeneinander entbrannt in ihrer Begierde und haben Mann mit Mann Schande getrieben und den verdienten Lohn ihrer Verirrung an sich selbst empfangen. (Römer 1,26f)

Die Aussagen in Römer 1 sind in einem schöpfungstheologischen und – eng damit verbunden – einem weisheitlichen Kontext zu sehen. In Weisheit 14,26 f heißt es über die heidnische Welt: „Es herrscht Umkehrung der Werte, undankbare Vergesslichkeit, Befleckung der Seelen, widernatürliche Unzucht, Zerrüttung der

Ehen, Ehebruch und Zügellosigkeit. Die Verehrung der namenlosen Götzenbilder ist aller Übel Anfang, Ursache und Höhepunkt." Die eigentliche Sünde ist der Abfall von Gott, der alle anderen Übel nach sich zieht, auch die Verkehrung des Verhaltens im sexuellen Bereich. Daran kann Paulus anknüpfen. Wenn er in Römer 1,26 von gleichgeschlechtlicher Sexualpraxis als „gegen die Natur" (para physin) spricht, dann ist das eine ausdrückliche und generelle Absage an gelebte Homosexualität aufgrund der Schöpfungsordnung. Und hier denkt Paulus zugleich wie die Stoa, deren Lasterkataloge deshalb auch vom Neuen Testament genutzt werden konnten: in einem Naturrechtsparadigma von *secundum naturam vivere* bzw. *contra naturam*. (Als Stoa wird eines der wichtigsten philosophischen Lehrgebäude in der abendländischen Geschichte bezeichnet – Anm. d. Red.).

In 1. Timotheus 1,9f begegnen einem die „arsenokoitai" (Männer, die mit Männern schlafen) in einer Aufzählung sündhafter Verhaltensweisen, die sich bewusst an der Reihenfolge des Dekalogs orientiert; man könnte geradezu von einer aktualisierten Version der Zehn Gebote sprechen. Damit wird für alle aufgezählten Vergehen der grundsätzliche Verstoß gegen den erklärten Willen Gottes deutlich.

Es gibt noch mehr, wenn auch nicht viel mehr biblische Direktaussagen zur Homosexualität. Schon aus der unvollständigen Aufzählung einschlägiger Bibelstellen aber wird deutlich, dass es sich um sehr klare und allgemeingültige Beurteilungen der Homosexualität handelt. Die Einbindung in die großen biblischen Themenkomplexe macht die Aussagen zur Homosexualität so gewichtig und stellt ihnen viele Bibelstellen zur Seite, in denen es nicht dezidiert um Homosexualität geht: Beginnend mit dem biblischen Schöpfungsauftrag als Ganzem – dem Fruchtbarkeitsauftrag in Genesis 1,28 und dem Kulturauftrag in Genesis 2,15 – wird uns Menschen in der Bibel an vielen Stellen die Verantwortung für die Gestaltung des großen „Lebenshauses" der Schöpfung (E. Zenger) nahegebracht.

Sexualität spielt dabei eine vielgestaltige und wichtige Rolle: man denke neben ihrer wichtigen lebenserhaltenden Zeugungsfunktion nur an ihre „auf gesunde Weise berauschende" und lebensgestaltende Freudenfunktion im Hohelied oder an ihr tiefes Geheimnis des personalen Einswerdens im Epheserbrief! Und Homosexualität bleibt dem gegenüber eben defizitär. Diese Linie zieht sich bis Offenbarung 21,8, wo mehrere (nicht „im Blut des Lammes gewaschene"!) Ausschlusshandlungen gegenüber dem Neuen Jerusalem aufgezählt werden, darunter sexuelle Verirrung.

Dass Homosexualität also den Aussagen der Bibel innerhalb vieler grundlegender Themenkomplexe widerspricht, lässt sich nicht sinnvoll bestreiten. Sie ist für die Bibel unter vielerlei Gesichtspunkten ein „ernster Störfall". Man hat somit die ganze Wucht des biblischen Menschenbildes, des Schöpfungsauftrages, des Dekalogs, des Heiligkeitsdenkens, der alttestamentlichen Weisheitslehre über die Ehe und der neutestamentlichen Ethik und Christusmystik der Ehe gegen sich, wenn man praktizierte Homosexualität verteidigen möchte.

Und nur spezielle Arten von Homosexualität als gegen den Willen Gottes zu deklarieren, widerspricht der eben angedeuteten sehr grundsätzlichen Argumentation gegen Homosexualität in der Bibel. Der offene Brief der Altbischöfe sagt dazu: „Man kann diesen Aussagen weder durch die Annahme ausweichen, hier gehe es lediglich um den Verkehr mit Lustknaben in den antiken Tempeln, nicht aber um verantwortungsvoll gelebte Homosexualität, noch durch das Urteil, es handle sich um eine der mancherlei Angelegenheiten der damaligen Vergangenheit, die heute ihre Gültigkeit verloren hätten – wie z.b. das Verbot für Frauen, im Gottesdienst zu predigen (1. Korinther 14,34f.). Das Erste ist durch die grundsätzliche Formulierung des Apostels in Römer 1,18-27 ausgeschlossen, das Zweite vor allem durch das Gewicht des Ausschlusses vom Heil des Reiches Gottes, das bei dem Predigtverbot für Frauen natürlich fehlt. Solcherlei Um- und Zurechtdeutungen so gewichtiger Aussagen der Heiligen Schrift sind weder Christen erlaubt, noch helfen sie dabei, eine an die Lebensweisen der heutigen Welt angeglichene Praxis in der Kirche Christi zu rechtfertigen. Hier gilt ganz einfach die Warnung aus dem Lutherlied: ‚Das Wort sie sollen lassen stehen!'"

Dass ein gradueller Unterschied zwischen „freiem" und „geordnetem" Ausleben von Homosexualität besteht, soll damit nicht bestritten werden. Biblisch legitimiert aber ist keine der beiden Formen.

Schließlich: Wo ein bestimmtes Wissen oder Nichtwissen der biblischen Autoren zum Gradmesser ihres Offenbarungswissens gemacht werden soll („Paulus kannte ein geordnetes Ausleben von Homosexualität noch nicht"), kann man die Bibel im 21. Jahrhundert bestenfalls als museales Stück behalten. Vieles andere über unsere technisierte Welt wusste Paulus damals auch noch nicht. Gott und den Menschen aber kannte er sehr gut. Und den guten Willen Gottes hat er in wichtigen Grundlinien für alle Zeiten sehr klar beschrieben. „Offenbarungswissen" gibt es nicht nur in Bezug auf die Offenbarung der Erlösung in Jesus Christus, sondern z.B. auch hinsichtlich der grundsätzlichen Ordnung der Geschlechter und lässt sich von zeitbedingten Lebensregeln unterscheiden (wie z.B. das Schweigegebot für Frauen in der Kirche).

c) Der „roten Faden" in der Bibel
Gegen diesen dicken „schwarzen Faden" in der Bibel gibt es kein „exegetisches Entfliehen". Aber es gibt eben auch den alles überragenden „roten Faden", der

sich durch die gesamte Schrift zieht: die Erlösung des Sünders durch Christus! Für den homosexuell geprägten Menschen heißt das konkret: Er darf (wie ich und alle heterosexuellen Sünder) hören: „Dir ist vergeben!" Und danach: „Gehe hin und sündige hinfort nicht mehr!" Ob dann im konkreten Einzelfall das Wunder der Heilung und Erneuerung der sexuellen Identität geschieht oder die Kraft zur Enthaltsamkeit geschenkt wird, wird sich zeigen. In jedem Fall wird ein befreites und erfülltes – wenn auch nicht kampfloses – Leben ermöglicht werden.

6. Systematisch-Theologisches

Im Abschlussbericht der Arbeitsgruppe der Kirchenleitung zur Homosexualität heißt es: „Der Hinweis auf Schöpfungsordnungen in ethischen Fragen bzw. die theologische Lehre von den Schöpfungsordnungen stammt aus dem Neuluthertum des 19. Jahrhunderts." Dieser Hinweis ist sprachhistorisch zutreffend und doch sachlich irreführend.

Denn, wie Franz Lau in „Die Religion in Geschichte und Gegenwart" schreibt: „Schon die Reformatoren (Luther wie Calvin) sind terminologisch dem Begriff S. [Schöpfungsordnung] gelegentlich ganz nahegekommen."[30] Und die Sache ist noch viel älter. Sie wurzelt im Weisheitsdenken Altisraels (und der umliegenden Völker), in den Aussagen des Paulus und der Stoa mit ihrem dezidierten Naturrechtsparadigma von *secundum naturam vivere* bzw. *contra naturam*, setzte sich in den altkirchlichen und mittelalterlichen Überlegungen zum Naturrecht fort, findet sich im reformatorischen Denken und kommt schließlich auch im Neuluthertum des 19. Jahrhundert an, um dort noch einmal auf den Begriff gebracht zu werden.

Der Abschlussbericht hält zwar an den Schöpfungsordnungen fest, ihre theologische Wertigkeit wird aber durch die historische Verkürzung verkleinert. Und ein Teil der Gruppenmitglieder stellt auf der Grundlage der Unterscheidung primärer und sekundärer Schöpfungsordnungen alles neben der Beziehung Schöpfer-Geschöpf als variabel dar, wodurch die Rede von den Schöpfungsordnungen stark ausgehöhlt wird, die weit mehr beinhaltet als einen allgemeinen Hinweis auf eine geschlechtsunspezifische Verantwortung füreinander. Gerade zur Geschlechterordnung äußert sich die Bibel über die Zeiten und kulturellen Umbrüche hinweg sehr konstant.

---

[30] F. Lau, Art.: Schöpfungsordnung. In: RGG3, Bd. 5, Sp. 1492.

7. Seelsorge

Seelsorgerlicher Dienst an homophilen, homosexuellen und pädophilen Menschen ist mir nicht fremd. Ich versuche stets, ihnen mit Wertschätzung und Annahme zu begegnen. Zugleich – und das widerspricht sich keineswegs – mit der Klarheit der beiden biblischen Wege Enthaltsamkeit und Heilung. Und ich habe persönlich erlebt, dass glückliche Ehen daraus entstanden sind. Ich habe aber auch erlebt, dass Menschen sich der Ideologie der Homosexuellenbewegung angeschlossen haben und damit jegliches Hilfsangebot ins Leere lief. Ohne biblische Klarheit wird sich nichts ändern – und mögliches Glück wird sinnlos verschenkt werden. Durch biblische Klarheit können neue Werte entdeckt werden, die als solche vorher nicht bekannt oder erkannt waren.

8. Kirchengeschichte und Ökumene

Dass ich mehrfach katholische Autoren zitiere, hat einen einfachen Grund: Sie sind in dieser Frage evangelischer, d.h. näher am ganzen Evangelium als manche evangelischen Theologen. Ich habe nicht vor, katholisch zu werden, sondern schriftgebunden-evangelisch zu bleiben. Doch die Öffnung evangelischer Pfarrhäuser für homosexuelle Lebenspartnerschaften ist ein derber Schlag ins Gesicht der Christenheit neben uns.[31] Die evangelische Kirche vermehrt damit den Wind des Zeitgeistes, der ohnehin den Kirchen ins Gesicht bläst, die bewusst die Liebe und Annahme gegenüber homosexuellen Menschen betonen, praktizierte Homosexualität aber als schriftwidrig ablehnen. Dies sind die Röm.-Kath. Kirche, die Orthodoxen Kirchen, die Pfingstkirchen, die Kirchen der Baptisten … insgesamt die Heimat von etwa drei Viertel aller Christen.[32]

Dass sich die evangelische Kirche mit der Öffnung evangelischer Pfarrhäuser für homosexuelle Lebenspartnerschaften von der gesamten Christenheit vor uns abkoppelt, soll nur anhand der Aufzählung einiger Theologen angedeutet werden, die sich klar ablehnend (mitunter freilich auch über das Ziel hinausschießend) zur

---

[31] Siehe: Kongregation für die Glaubenslehre, Erwägungen zu den Entwürfen einer rechtlchen Anerkennung der Lebensgemeinschaften zwischen homosexuellen Personen, 03.06.2003. Selbst im „Katechismus der Katholischen Kirche" (Nr. 2357-59) wird Homosexualität thematisiert: als Neigung, als ungeordnet, als homosexueller Akt, als sündhaft.

[32] Dass auch innerhalb dieser Kirche die offizielle Haltung von manchen Priestern und Laien nicht geteilt wird, kann keine Rechtfertigung dafür sein, den Kirchen offiziell in den Rücken zu fallen.

Homosexualität geäußert haben: Justin[33], Lactantius[34], Cyprian von Karthago[35], Johannes Chrysostomos[36], Augustinus[37], Thomas von Aquin[38], Martin Luther[39]. Bedenkt man nun noch einmal die Unhaltbarkeit der Begründungen für das kirchgeschichtlich ungeheure Ereignis der Öffnung evangelischer Pfarrhäuser für homosexuelle Lebenspartnerschaften, so kann man über diese ökumenische Zerstörungsarbeit nur traurig sein.

9. Mein persönliches Fazit

In mehr als drei Jahrzehnten Pfarrdienst war ich überwiegend mit Freude, ja sogar mit einem gewissen Stolz auf unsere Landeskirche tätig. Auf der Basis der grundsätzlichen Schriftbindung konnte man gut arbeiten; und auch gut streiten und zugleich fröhlich zusammenbleiben. In vielen deutschlandweiten und internationalen Erfahrungen konnte ich Vergleichswerte und Kontraste sammeln, die mich noch dankbarer dafür gemacht haben, Pfarrer in Sachsen zu sein. So habe ich auch die Öffnung des sächsischen Pfarrhauses für homosexuelle Lebensgemeinschaften zu lange für undenkbar gehalten und mich zu wenig in die Kontroverse eingebracht. Die Kirche sollte eine möglichst große Schnittmenge mit dem Reich Gottes besitzen: sicher immer gebrochen und unvollkommen, aber „immer zu reformieren" und zu Christus hin wachsend. Der kirchengeschichtliche Paradigmenwechsel im Bereich der Homosexualität ist ein gewaltiger Rückschritt. Zum Reich Gottes gehört die „Gerechtigkeit", d.h. die Bundestreue und die Akzeptanz der Autorität des großen Königs. „Trachtet zuerst nach dem Reich Gottes und nach seiner Gerechtigkeit!" Der kirchengeschichtliche Paradigmenwechsel im Bereich der Homosexualität ist konkrete Ablehnung seiner Autorität.

---

[33] Justin, Dialog mit dem Juden Tryphon, 95,1.

[34] Lactantius, Divinae institutiones VI,23,8.

[35] Cyprian, An Donatus, 8 f.

[36] Johannes Chrysostomos, Adversus oppugnatores vitae monasticae 3,8; Kommentar zum Römerbrief, Homilie

[37] Augustinus, De civitate Dei, lib. VI, c.8.

[38] Thomas von Aquin, Summa theological, II-II q.154

[39] Martin Luther, Genesis-Vorlesung, WA 43, 57

Die Kirche soll als Braut des Bräutigams Jesus leben; und in den einzelnen Ehen soll dieses Geheimnis symbolisiert werden. Der angeführte Paradigmenwechsel verdunkelt und pervertiert dieses Geheimnis, auch wenn die Kirche sonst grundsätzlich an der Ehe als Leitbild festhält. Die Einheit der Kirche ist einer der höchsten Werte überhaupt. Deshalb ist es besonders schmerzlich, dass mit der Homosexualitätsdebatte einem Hausschwamm gleich ein „Spaltpilz" in unser „großes Haus Landeskirche" getragen wurde. Und wo – um eine mehr pragmatische Position zu beschreiben – beklagt wird, dass den Fragen um Homosexualität und Pfarrhaus zuviel Bedeutung beigemessen würden, hat man einerseits sehr Recht, weil es in der Tat sehr wenig konkrete Fälle geben dürfte. Der Vorwurf aber, dass nur jene, die sich gegen die Öffnung der Pfarrhäuser für homosexuelle Paare stark machen, dieser Frage zuviel Bedeutung beimessen, ist wiederum eine Verkehrung der Tatsachen. Es geht bei der aufgezwungenen Frage homosexueller Pfarrhäuser eben um die Geltung der Bibel, um die Vorbildwirkung und um die Hilfsmöglichkeiten für betroffene Menschen.

Nicht ohne Selbstzweifel zweifle ich einen Beschluss der Kirchenleitung an. Ich kann natürlich auch irren! Von der Bibel als „Königin" und „Lehrerin" möchte ich mich führen und regieren lassen. Und wo ich irre, will ich mich korrigieren lassen: von der Heiligen Schrift als oberster Instanz oder durch klare Vernunftgründe als der Schrift nachgeordnete, an ihrem Platz aber vom Schöpfer autorisierte Instanz.

Wichtiges und Neues zum biblischen Verständnis der Homosexualität

Die Bibel ist ein aspektivisches und ein dialogisches Buch. Von jedem einzelnen Vers in den poetischen Texten mit seiner variierten Wiederholung (parallelismus membrorum) bis hin zur gewaltigen Symphonie der unterschiedlichen Bücher (biblischer Kanon) finden sich Vielfalt und Gespräch. Gott möchte durch dieses große Buch des Gesprächs mit uns ins Gespräch kommen! Und wir werden zum Gespräch miteinander eingeladen, auch gerade über die Vielfalt der Erkenntnisse, die wir aus der Bibel gewinnen durften. Im Babylonischen Talmud (bSanhedrin 34a) findet sich dazu ein schönes Bild: Im Anschluss an den Bibelvers „Ist nicht Mein Wort wie Feuer – Spruch des Herrn –, und wie ein Hammer, der den Felsen zerschmettert?" (Jeremia 23,29) lehrte man in der Schule des Rabbi Ishmael, dass der Schlag dieses Hammers den Felsen in viele Stücke zersprenge – und dass in gleicher Weise viele Auslegungen einer einzigen Bibelstelle möglich seien.[40]

Welch ein Reichtum und welch eine Vielfalt sind uns mit dem „Feuer" und dem „Hammer" und den „Sprungstücken" der Bibel gegeben! Mittelalterliche Quellen sprechen sogar von siebzig Arten der Auslegung. Und Luther sagte in seiner Psalmenvorlesung von 1513/14: „Jede Stelle der Schrift ist von unendlicher Einsicht, darum was du erkennst, mache nicht hochmütig geltend: bestreite nicht dem anderen seine Einsicht und wehre ihn nicht ab! Und jener sieht vielleicht, was du nicht siehst. So ist immer voranzuschreiten in der Erkenntnis der Heiligen Schrift."[41]

Dies wiederum klingt zusammen mit den Erkenntnissen der modernen Literaturwissenschaft, dass literarische Texte einen Sinnüberschuss in sich bergen, „polyvalent" sind – und damit als „offene Kunstwerke" (Umberto Eco) in vielfacher Weise interpretiert werden können. Haben wir damit nicht auch den Schlüssel dafür gefunden, den Streit um das Thema „Homosexualität und Bibel"

---

[40] Dass das Wort Gottes Hammer und Sprungstücke zugleich ist, sollte bei einer symbolischen Redeweise nicht verwundern. Häufig wird diese Stelle vom Hammerschlag auch anders zitiert: *„Funken sprühen! […] So kann auch ein einziger Schriftvers viele verschiedene Lehren vermitteln."* – Die vielen Funken sind ebenfalls ein schönes Bild und nehmen „Hammer" und „Feuer" aus Jeremia 23,29 auf … nur stehen sie so nicht im Traktat Sanhedrin.

[41] WA 4, 318 f. Dict sup Ps. 1513/14 (Der hier zitierte Text ist eine Übersetzung des lateinischen Originals. Den Hinweis auf diese Stelle verdanke ich OLKR Dr. Christoph Münchow.)

zu entschärfen? Sollte man nicht einfach verschiedene Sichtweisen gleichberechtigt nebeneinander stehen lassen? Dazu müssen wir zunächst sehen, was da steht und was man „stehenlassen" sollte – und was man wie interpretieren und akzeptieren kann.

1. Altes Testament

1.1 Mann und Frau nach Genesis 1 und 2

Die ersten Aussagen der Bibel über den Menschen sind auch gleich „der Hammer": Nach Genesis 1,26f ist der Mensch kein Zufallsprodukt, sondern von Gott geplant und geschaffen. Und er ist von Gott „zu seinem Bild" geschaffen. Damit besitzt jeder Mensch eine göttliche und unverlierbare Würde. Im gleichen Atemzug wird gesagt, „dass zu dieser Gottebenbildlichkeit die Polarität von Mann und Frau gehört (‚männlich und weiblich machte er sie'). Die Vorstellung Gottes vom Menschen findet ihre Verwirklichung demnach nicht im Mann oder in der Frau allein, sondern im Miteinander von Mann und Frau. […] Dieser Befund wird in Genesis 2 aus einer anderen Perspektive bestätigt: […] Die Vervollständigung des Menschen geschieht nicht einfach durch einen zweiten Menschen, sondern durch einen zweiten vom anderen Geschlecht."[42] „Der Grund der pauschalen Ablehnung gleichgeschlechtlicher Praxis liegt in dem durch die gesamte Heilige Schrift hindurch eindeutigen Ja Gottes zum Menschen als Mann und Frau."[43] Wo Sexualität aus ihrem großen Gesamtzusammenhang gelöst wird, verstümmelt und entwürdigt man sie.[44]

1.2 Homosexualität nach Leviticus 18,22 und 20,13

„Du sollst nicht bei einem Manne liegen wie bei einer Frau; denn es ist ein Gräuel" (3. Mose 18,22). „Wenn jemand bei einem Manne Knaben liegt wie bei einer Frau, die haben einen Gräuel getan und sollen beide des Todes sterben; Blutschuld lastet auf

---

[42] Markus Zehnder, Art. Homosexualität (AT), in: Wibilex

[43] Heinzpeter Hempelmann, Liebt Gott Schwule und Lesben? Gesichtspunkte für die Diskussion über Bibel und Homosexualität, Wuppertal 2001, S. 26

[44] „Der implizite Dualismus vieler zeitgenössischer Rechtfertigungen homosexuellen Verhaltens drückt sich auch in der allgemeinen These aus, daß jedwede geschlechtliche Beziehung oder Handlung annehmbar ist, solange sie von Liebe bestimmt ist oder, noch radikaler, niemandem Schaden zufügt. Es ist schwer einzusehen, wie eine solche These den Anspruch erheben kann, der Schöpfungslehre Rechnung zu tragen, wenn nicht das Wesen unserer Handlungen, sondern nur unsere Absicht bei ihrer Ausführung oder die Wirkungen, die sie zeitigen, als wesentlich für eine moralische Bewertung angesehen werden […] Das aber bedeutet […], die menschliche Sexualität vollkommen aus der Heilsgeschichte auszuklammern, in die sie gehört und in Bezug auf die sie ihre Bedeutung und ihren Maßstab gewinnt." Michael Banner, Art. Sexualität, TRE 31, S. 212, Zeile 16ff.

ihnen" (3. Mose 20,13). Diese Aussagen stehen innerhalb des „Heiligkeitsgesetzes" und betreffen damit ganz direkt die Gottesbeziehung: die Heiligkeit Gottes soll in der Heiligung Israels ihren Widerhall finden. Die Beachtung des Gesetzes im Gottesvolk soll so etwas wie die „Visitenkarte Gottes" unter den Völkern sein. Und selbst unter den „Völkern" war Homosexualität damals durchaus nicht einfach als normal angesehen.[45]

Für die Israeliten aber galt ohne Ausnahme, dass sie im Herrschaftsbereich Gottes nach den göttlichen Ordnungen zu leben hatten und andernfalls – gerade durch Homosexualität – die Gottebenbildlichkeit entstellten.[46] „Als Intention der Verbote in Lev 18,22-23 kann daher festgehalten werden, dass Homosexualität und Sodomie nicht nur das innerfamiliäre Miteinander wie die Inzestverbote (V 6-18), sondern auch die Sphäre der Heiligkeit JHWHs und Israels in besonderer Weise berühren. Begründungen hierfür werden nicht gegeben. Vielmehr errichten die Verbote eine sakralrechtliche Tabuzone, die auf keinen Fall überschritten werden darf." (Rüdiger Lux). Die sakrale Begründung verschärft das Gebot, besagt aber keinesfalls, dass es nur um das Verbot homosexueller kultischer Akte ginge.[47] Auch sind nicht etwa nur Akte der Gewalt, der Prostitution oder der Knabenliebe gemeint. Vielmehr ist die Formulierung der Verbote homosexueller Praktiken unter Männern (die Frauen sind wie damals üblich implizit mit gemeint) „so weit gewählt,

---

[45] „Wie im Falle Mesopotamiens gilt auch für Ägypten, dass der hohe Stellenwert der Familie und die Wichtigkeit von Nachkommenschaft für das jenseitige Leben einer weiten Verbreitung und breiteren Akzeptanz der Homosexualität entgegenstehen." Markus Zehnder, Art. Homosexualität (AT), in: Wibilex

[46] „Mit dem Eintritt in diese Beziehung zu JHWH hat Israel die ‚weltlichen' Herrschaftsbereiche mit ihren eigenen ‚Gesetzen' [...] verlassen [...]und ist in die Herrschaft seines Gottes eingetreten. Dieser Herrschaftswechsel erfordert von Israel ein der JHWH-Herrschaft entsprechendes Verhalten, durch das es sich von den Völkern unterscheiden soll (V 24). Das Halten der JHWH-Gebote wirkt ‚Leben' (...V 5), während ein Verstoß gegen sie einen ‚Greuel' (...) darstellt, Volk und Land ‚verunreinigt' (...) und zu seinem Verlust als Existenzgrundlage führt (V 24-29). Von besonderem Interesse ist dabei, dass in Lev 20,13 vom Liegen eines ‚Mannes' (...) bei einem ‚Männlichen' (...) die Rede ist. Wird hier bewusst terminologisch auf Gen 1,27 angespielt und damit auf die dort gegebene Schöpfungsordnung der Doppelgeschlechtlichkeit des ‚Menschen' (...) als ‚männlich und weiblich' (...), die durch Homosexualität verkehrt wird? [...] Wenn darüber hinaus der Mensch in seiner Geschlechtlichkeit als Mann und Frau als ‚Statue/Abbild' (...) Gottes erschaffen und damit in besonderer Weise vor allen anderen Kreaturen ausgezeichnet wurde, dann stellen Homosexualität und Sodomie auch eine Entstellung seiner Gottebenbildlichkeit dar." (Rüdiger Lux)

[47] „Dagegen spricht, dass der vorausgesetzte Gegensatz zwischen „kultisch" und „moralisch" dem Buch Leviticus fremd ist und dass die im unmittelbaren Kontext genannten Verbote verschiedener Arten von (hetero)sexuellen Beziehungen nicht auf den kultischen Bereich beschränkt werden können. Speziell bei den Verboten gewisser Ehebeziehungen ist deutlich, dass das ganze Leben und nicht nur seine kultische Dimension im Blick steht." Markus Zehnder, Art. Homosexualität (AT), in: Wibilex

dass sie alle Männer, unabhängig von ihrer sozialen Stellung, ihrem Alter oder ihrer ethnischen Zugehörigkeit, betrifft, und alle möglichen sexuellen Akte, auch solche, die nach moderner Definition in gegenseitiger Liebe von gleichberechtigten, zustimmenden Partnern ausgeführt werden." Die Texte „setzen aber offenbar voraus, dass sexuelles Begehren kein absolutes und unwiderstehliches Verlangen darstellt ...Vorausgesetzt wird implizit ebenfalls, dass es individuelles Glück nur im Rahmen des größeren sozialen Zusammenhangs gibt, weswegen die soziale Ebene über dem individuellen Verlangen des Einzelnen steht ..."[48]

1.3 Sodom und Gibea und die Beziehung zwischen David und Jonatan

Die Erzählungen über Sodom in Genesis 19 und die Schandtat von Gibea in Richter 19 sprechen zunächst von verweigerter Gastfreundschaft und Gewalt. Dies bedeutet aber nicht, „dass das Thema Homosexualität überhaupt nicht auftaucht bzw. dass die Verfasser der Texte überhaupt keine Wertung homosexuellen Verhaltens im Blick haben [...] Die Verweigerung der Gastfreundschaft manifestiert sich u.a. eben gerade dadurch, dass an den Besuchern ein Akt der homosexuellen Vergewaltigung ausgeübt werden soll, was insofern von besonderer Bedeutung ist, als auch andere Möglichkeiten der Erniedrigung der Gäste zur Verfügung standen. Homosexualität tritt also zwar lediglich als sekundäres Element der Geschichten auf [...]; aber es lässt sich nicht sagen, dass homosexuelles Verhalten überhaupt kein Thema ist."[49] Andererseits ist Homosexualität bei David und Jonatan wirklich kein Thema: „Ein Verständnis des Verhältnisses zwischen David und Jonatan als einer homosexuellen Beziehung wird von der textlichen Basis nicht gedeckt."[50]

---

[48] Markus Zehnder, Art. Homosexualität (AT), in: Wibilex

[49] Markus Zehnder, Art. Homosexualität (AT), in: Wibilex

[50] Markus Zehnder, Art. Homosexualität (AT), in: Wibilex. Siehe dazu auch: Zehnder, M., 1998, Exegetische Beobachtungen zu den David-Jonathan-Geschichten, Bib 79, 153-179. Ders., 2007, Observations on the Relationship of David and Jonathan and the Debate on „Homosexuality", WTJ 69, 127-174

2. Neues Testament

2.1 Homosexualität nach Römer 1 und 1. Timotheus 1

„Darum hat sie Gott auch dahingegeben in entehrende Leidenschaften. Denn ihre Frauen haben den natürlichen Gebrauch vertauscht mit dem widernatürlichen; gleicherweise haben auch die Männer den natürlichen Verkehr mit der Frau verlassen und sind gegeneinander entbrannt in ihrer Begierde und haben Mann mit Mann Schande getrieben und den verdienten Lohn ihrer Verirrung an sich selbst empfangen" (Römer 1,26f). Hier ist zunächst ein historischer Irrtum zu beseitigen: Es gab im antiken Griechenland nicht nur die Prostitutionsform der Homosexualität, sondern auch die in stabilen Lebensgemeinschaften.[51] Auch wurden in neutestamentlicher Zeit gleichgeschlechtliche Beziehungen zwischen Partnern jeden Alters gepflegt.[52] Die übliche Form homosexueller Praxis im klassischen Griechenland war die (in unterschiedlichen Spielarten vollzogene) Päderastie (Knabenliebe). Seit dem Beginn des dritten Jahrhunderts vor Christus änderte sich das Erscheinungsbild im hellenistischen Raum jedoch zunehmend. Schon historisch gesehen ist es also fragwürdig zu meinen, Paulus könne nur die Päderastie oder die „ungeordnete Form" von Homosexualität abgelehnt haben, weil andere Formen gar nicht bekannt gewesen wären. Zudem ist es natürlich sehr fraglich, grundlegendes Offenbarungswissen über den Menschen vom Erkenntnisstand der jeweiligen Zeit abhängig zu machen.

Die Aussagen in Römer 1 sind in einem großen schöpfungstheologischen Kontext zu sehen. Wenn in Römer 1,26 von gleichgeschlechtlicher Sexualpraxis als „gegen die Natur" (para physin) gesprochen wird, dann ist das eine generelle Absage an gelebte Homosexualität aufgrund der Schöpfungsordnung. Paulus denkt hier wie die Stoa, deren Lasterkataloge deshalb auch vom Neuen Testament genutzt

---

[51] „Die Reden von Phaedros, Pausanias und Aristophanes in Platons Symposion machen deutlich, dass im antiken Griechenland gleichgeschlechtliche Beziehungen nicht auf die Aspekte der Domination oder der Unterscheidung von aktiver und passiver Rolle zu reduzieren sind. Hier wird von gegenseitiger, dauerhafter Liebe gesprochen, die zwar am Anfang die Unterscheidung von Heranwachsendem und Erwachsenem einschließt, diese aber notwendig im Laufe der Entwicklung hinter sich lässt." Markus Zehnder, Art. Homosexualität (AT), in: Wibilex

[52] Siehe: Kenneth J. Dover: Greek Homosexuality, London 1978; dt.: Homosexualität in der griech. Antike, München 1983. Thomas K. Hubbard: Homosexuality in Greece and Rome. A Sourcebook on basic Documents in Translation, Los Angeles 2003. Harald Patzer: Die griechische Knabenliebe (Sitzungsberichte der Wissenschaftlichen Gesellschaft an der Johann-Wolfgang-Goethe-Universität Frankfurt a. M, Bd. 29, 1), Wiesbaden 1982. Andreas Karsten Siems (Hg.): Sexualität und Erotik in der Antike (Wege der Forschung, Bd. 605), 2. Auflage, Darmstadt 1994.

werden konnten: in einem Naturrechtsparadigma von *secundum naturam* bzw. contra *naturam vivere* (gemäß bzw. gegen die Natur leben).[53] Im biblischen Verständnis ist dabei „natürlich" bzw. der Natur gemäß „nicht einfach das, was tatsächlich in der Natur vorkommt, sondern das, was der Natur der gottgewollten Schöpfung entspricht."[54] Der Hinweis auf Homosexualität im Tierreich greift also gerade nicht! „Wo das Faktische zur Norm wird, ist die Würde des Menschen preisgegeben als eines Wesens, das sich zu sich selbst, auch zu seinen Wünschen und Trieben verhalten kann."[55]

Paulus begründet die Ablehnung der homosexuellen Praxis also nicht mit einer Verirrung innerhalb der homosexuellen Praxis – wie dem Gebrauch von Minderjährigen, Gewalt, Prostitution oder kultischen Handlungen –, sondern mit der homosexuellen Praxis selbst: sie ist gegen die Schöpfungsordnung gerichtet. P. Sanders, einer der bedeutendsten Paulusforscher und ein brillanter Kenner des zeitgenössischen Umfeldes des Neuen Testaments, stellt fest, dass Paulus in Römer 1,26f. „männliche wie weibliche Homosexualität rundheraus und unterschiedslos" verurteilt.[56]

Und wenn ein neuerer Vorschlag (J.E. Miller, R.B. Ward) die „Natur" der geschlechtlichen Vereinigung bei Paulus vor allem in der Zeugung neuen Lebens sieht und „gegen die Natur" entsprechend in dem grundsätzlichen Fehlen dieser Aufgabe von Sexualität bei homosexuellen Praktiken, dann begründet diese Sicht die grundlegende Ablehnung der Homosexualität nur unter einem anderen Aspekt. Und wie schon im vorigen Kapitel erwähnt, ist in 1. Timotheus 1,9f die Rede von den „arsenokoitai" (Männer, die mit Männern schlafen) – in einer Aufzählung sündhafter Verhaltensweisen, die sich bewusst an der Reihenfolge des Dekalogs orientiert; man könnte geradezu von einer aktualisierten Version der Zehn Gebote sprechen. Damit wird für alle aufgezählten Vergehen der grundsätzliche Verstoß gegen den erklärten Willen Gottes deutlich. In den neutestamentlichen Briefen gibt

---

[53] Als Schöpfungstheologie stehen die Aussagen zudem im Kontext der Weisheit damaliger Zeit. Im Buch Weisheit 14,26 f heißt es über die heidnische Welt: „Es herrscht Umkehrung der Werte, undankbare Vergesslichkeit, Befleckung der Seelen, widernatürliche Unzucht, Zerrüttung der Ehen, Ehebruch und Zügellosigkeit. Die Verehrung der namenlosen Götzenbilder ist aller Übel Anfang, Ursache und Höhepunkt." Die eigentliche Sünde ist der Abfall von Gott, der alle anderen Übel nach sich zieht, auch die Verkehrung des Verhaltens im sexuellen Bereich. Daran kann Paulus anknüpfen.

[54] TRE 31, S. 211, Zeile 231f.

[55] Heinzpeter Hempelmann, Liebt Gott Schwule und Lesben? Gesichtspunkte für die Diskussion über Bibel und Homosexualität, Wuppertal 2001, S. 50

[56] Ed P. Sanders: Paul, Oxford 1991; dt.: Paulus. Eine Einf., Stuttgart 1995, S.147.

es also nur eine grundsätzliche und von der Schöpfung her begründete Ablehnung homosexueller Praxis. Und deshalb wird Homosexualität auch ,als mit dem ,Reich Gottes', seinem Willen und dem ,Evangelium' nicht vereinbar abgelehnt."[57]

2.2 Und Jesus?

Das entscheidende hermeneutische Prinzip der Urchristenheit war der Blick auf Jesus Christus. Seine Person und seine Schriftauslegung galten als normativ. Jesus ist der einzige maßgebende Lehrer: „Und ihr sollt euch nicht Lehrer nennen lassen; denn einer ist euer Lehrer: Christus" (Matthäus 23,10). Das junge Christentum war dementsprechend die einzige Strömung im Judentum, das kein Rabbinat entwickelte. Das NT unterscheidet sich in diesem Punkt auffällig vom Talmud. Jesus Christus verbürgt und ist die Wahrheit in seiner Person. „Christus hat sich die Wahrheit genannt, nicht die Gewohnheit." (Tertullian, De virginibus velandis, I,1). Aber auch innerhalb der Linien, die Jesus vorgegeben hat, ist oft ein großer Spielraum der Auslegung möglich.

Wie ist es bei unserem Thema? Jesus schweigt in den Evangelien zur Homosexualität. Schlüsse und Argumentationen aus dem Schweigen sind freilich immer mit Vorsicht zu genießen. Wenn man sie hier dennoch versuchen will, dann spricht Jesu Schweigen sehr stark für seine Übereinstimmung mit der durchgängig ablehnenden Haltung des Judentums neutestamentlicher Zeit gegenüber der Homosexualität. Das für seine Zeitgenossen anstößige Verhalten Jesu gegenüber Zöllnern und Prostituierten hat ja deutliche Wellen geschlagen. Und analog dazu gilt: „Wenn Jesus sich von der ablehnenden Haltung des Judentums zur Homosexualität unterschieden hätte, wäre das ein solcher Skandal gewesen, dass das mit an Sicherheit grenzender Wahrscheinlichkeit ebenfalls seinen Niederschlag in den Evangelien gefunden hätte."[58] Ein „Schöpfungstheologe" war Jesus ohne Frage auch. Bei ihm finden sich mehrfach Verweise auf den ursprünglichen Schöpfungswillen Gottes. Wie sollte er da anders über Homosexualität denken als „gegen die Schöpfung gerichtet"? Zudem ist die Vorstellung falsch, das AT hätte durch das NT seine Relevanz verloren oder hätte nur in den Fragen Gültigkeit, die im NT noch einmal bestätigend behandelt werden. Das AT besitzt vielmehr einen

---

[57] Heinzpeter Hempelmann, Liebt Gott Schwule und Lesben? Gesichtspunkte für die Diskussion über Bibel und Homosexualität, Wuppertal 2001, S. 41

[58] Heinzpeter Hempelmann, Liebt Gott Schwule und Lesben? Gesichtspunkte für die Diskussion über Bibel und Homosexualität, Wuppertal 2001, S. 26

bleibenden Sinnüberschuss, ein „Plus" gegenüber dem NT.[59] Die Schöpfungslehre in ihrer Konsequenz für den Umgang mit den Tieren z.B. entnehmen wir allein dem AT. Das erste Testament (AT) ist teilweise also Gottes-Botschaft, „die im Zweiten Testament nicht oder so nicht enthalten ist. Wir Christen sollen unser Erstes Testament als unverzichtbaren und kostbaren Teil unserer Bibel hören und lesen, der eine Lebenshilfe anbietet, die uns so nicht im Neuen Testament begegnet. [...] Ist das Zweite Testament das Buch von Christus, so ist das Erste Testament das Buch von Gott, der Welt und den Menschen."[60]

Für Juden musste Jesus zu den bewertenden Aussagen zur Homosexualität im AT nichts hinzuzufügen. Paulus hatte es da mit einem ganz anderen „Publikum" zu tun und äußert sich deshalb explizit. Zum Umgang mit dem homosexuellen Menschen fügt Jesus jedoch implizit etwas ganz Wesentliches hinzu: Seine Begegnung mit der Ehebrecherin lässt sich auch auf Menschen mit homosexueller Praxis übertragen: Jesus verurteilt sie nicht, obwohl zu seiner Zeit das Urteil klar und eindeutig gewesen wäre. Er vergibt und sagt: „Geh hin und sündige von nun an nicht mehr!"

3. Gesamtbiblisches und Aktuelles

3.1 Umkehr und Änderung sind möglich

Die Sicht der Barmherzigkeit und der inneren Erneuerung hat Paulus mit Jesus geteilt – und deren Auswirkungen erlebt. An die Korinther schreibt er: „Wißt ihr nicht, daß keiner, der Unrecht tut, das Reich Gottes erben wird? Irret euch nicht! Weder Unzüchtige (pornoi) noch Götzendiener, weder Ehebrecher noch Lüstlinge (malakoi: Männer oder Jünglinge, die beim gleichgeschlechtlichen Verkehr die passive Rolle einnehmen) und ‚arsenokoitai' (das gleicht Wort wie in 1. Timotheus 1: Männer, die mit Männern schlafen und dabei die aktive Rolle einnehmen), weder Diebe noch Betrüger, auch keine Trunkenbolde, keine Verleumder und Räuber werden das Reich Gottes erben" (1. Korinther 6,9f). Hier ist einerseits wichtig zu sehen, dass auch andere Fehlhaltungen genannt werden, andererseits aber wie im Römerbrief eine klare und grundsätzliche Ablehnung der Homosexualität zu finden ist.

---

[59] Siehe dazu: Zenger, E., Das erste Testament, Düsseldorf 1991; Ders., „Exegese des Alten Testaments im Spannungsfeld von Judentum und Christentum," ThRev 98 (2002), S. 357-366; Haag, H., Das Plus des Alten Testaments, in: Das Buch des Bundes, Düsseldorf 1980, S. 289-305

[60] Erich Zenger, Thesen zu einer Hermeneutik des Ersten Testamentes nach Auschwitz, in: Christoph Dohmen, Thomas Söding (Hrsg.), Eine Bibel – zwei Testamente, Paderborn, 1995, S. 156f

Das Interessanteste kommt dann aber im folgenden Vers: „Und Leute solcher Art sind manche (von euch früher) gewesen. Doch ihr habt euch reinwaschen lassen, seid geheiligt worden, habt die Rechtfertigung erlangt durch den Namen des Herrn Jesus Christus und durch den Geist unseres Gottes." Das heißt: Umkehr und Änderung sind möglich! Eine Andeutung dieser Freude findet sich schon im AT: Unmittelbar vor dem Heiligkeitsgesetz (Leviticus 17-26) mit seinen Bestimmungen zur homosexuellen Praxis stehen die Bestimmungen zum „Großen Versöhnungstag" (Leviticus 16)!

Für alle Lebensbereiche gilt: „Das Wort Gottes ist kein Ohrenschmaus, sondern ein Hammer. Wer keine blauen Flecke davonträgt, soll nicht meinen, es hätte bei ihm eingeschlagen." (Helmut Thielicke). Die blauen Flecke sind jedoch geradezu eine Wohltat im Vergleich zur ewigen Katastrophe, die ohne den ernüchternden „Hammer" und ohne seine Wegweisung hin zum Kreuz auf uns zukäme!

3.2 Ein eindeutiges Ergebnis, ein Rundumblick und ein guter Ausblick

Der Befund ist eindeutig: „Als Ergebnis des exegetischen Befundes muss festgehalten werden, dass Homosexualität in der Sicht des Alten Testament durchweg negativ als gottwidriges und schöpfungswidriges Verhalten beurteilt wird." (Rüdiger Lux). „Homosexuelle Praxis wird in der Bibel, wenn sie erwähnt wird, ausnahmslos mit scharfen Worten verurteilt." (Landesbischof Jochen Bohl).

Die Einbindung in die großen biblischen Themenkomplexe macht die verhältnismäßig wenigen Aussagen zur Homosexualität zudem sehr gewichtig und stellt ihnen viele Bibelstellen zur Seite, in denen es nicht dezidiert um Homosexualität geht. Die „mitschwingenden Resonanzräume" (J. Berthold) .sollten nicht überhört und übersehen werden: Beginnend mit dem biblischen Schöpfungsauftrag als Ganzem – dem Fruchtbarkeitsauftrag in Genesis 1,28 und dem Kulturauftrag in Genesis 2,15 – wird uns Menschen in der Bibel an vielen Stellen die Verantwortung für die Gestaltung des großen „Lebenshauses" der Schöpfung (E. Zenger) nahegebracht. Dass Homosexualität also den Aussagen der Bibel innerhalb vieler grundlegender Themenkomplexe widerspricht, lässt sich nicht sinnvoll bestreiten. Und auch eine Vielfalt der Auslegungen kann hier nicht zu einer anderen Sicht führen. Denn die gesunden „Grenzen der Interpretation" (Umberto Eco) sind spätestens dort erreicht, wo aus den Texten das komplette Gegenteil ihrer Grundintention gemacht werden soll.

Die *intentio operis* (die genuine Absicht des Textes) darf nicht durch die *intentio lectoris* (der Absicht des Lesers) verfälscht werden. Andernfalls ist ein „interpretatorischer Wille zur Macht" (Heinzpeter Hempelmann) am Werk. Es gibt in der Bibel neben der Vielfalt eben auch die Eindeutigkeit: Man denke nur an den Glaube an den einen und einzigen Gott oder an die Liebe als oberstes Lebensprinzip! Die „hermeneutischen Schlupflöcher nach der Exegese" sind Selbstbetrug. Ja, das Neue Testament ist kein Gesetzbuch und bietet statt einer mühsamen Kasuistik die Liebe als große Leitlinie – und paradigmatische Beispiele dazu. Das kann doch aber nicht dazu führen, dass man die ausdrücklichen Beispiele nicht ernst nimmt und in ihr Gegenteil verkehrt. Mit Gesetzlichkeit hat das nichts zu tun, wenn eindeutige ethische Aussagen der Bibel schlichtweg akzeptiert werden sollen!

Und wenn ein Bibelverständnis statt nach dem Buchstaben nach dem Geist gefordert wird, dann wird übersehen, dass in 2. Korinther 3,6 (woher die Gegenüberstellung von Buchstabe und Geist stammt) über Gesetz und Evangelium, nicht aber über „enges" und „freies" Bibelverständnis gesprochen wird. Natürlich müssen wir auf den Sinn und die Sache und die großen Zusammenhänge der Bibeltexte achten und so ihren „Geist" erfassen. Das geschieht aber nur durch genaues Lesen und Zuhören. Der eindeutige biblische Befund zur Homosexualität wird durch das Wort vom Kreuz aufgefangen und überstrahlt. Allerdings nur, wenn man ihn zunächst in aller Klarheit akzeptiert.

3.3 Der axiomatische Riss und Wege zur Heilung

Helmut Thielicke beschreibt in den methodischen Vorüberlegungen zu seiner Dogmatik die beiden Grundtypen christlicher Theologie: die emanzipatorische, cartesische Theologie, die die Vernunft und Erfahrung des Menschen zur höchsten Norm erklärt; und die nicht-cartesische Theologie, die dem biblischen Text den Vorrang einräumt.[61] Thielicke sieht in dieser Entscheidung die Schicksalsfrage neuzeitlicher Theologie. Hier liegt der axiomatische Riss, der an der Homosexualitätsdiskussion offenbar wird. Ja, die Bibel ist in vielfältiger Weise ein Buch des Gespräches. Beim Gespräch zwischen Gott und Mensch lädt sie jedoch nicht zwei gleichrangige Partner zum Dialog ein. Das ist der Grund dafür, dass wir gelassen erwarten dürfen, dass sich das Wort der Bibel gegen alle Widerstände durchsetzen wird. Sie ist eben Gottes Wort. Dass Gott dadurch zu uns redet, ist aber auch der Grund für unser ehrfürchtiges „Sich-unter-die Bibel-Stellen". Wie könnten wir meinen, besser als der Schöpfer zu wissen, was für uns Menschen gut und heilsam ist? „Wie kehrt ihr alles um! Als ob der Ton dem Töpfer gleich wäre, dass das Werk spräche von seinem Meister: Er hat mich nicht gemacht!, und ein Bildwerk spräche von seinem Bildner: Er versteht nichts!" (Jesaja 29,16)

---

[61] Thielicke, H., Der evangelische Glaube: Grundzüge der Dogmatik. Band 1: Prolegomena: Die Beziehung der Theologie zu den Denkformen der Neuzeit, Tübingen 1968.

Sich unter den Schöpfer und unter die Bibel zu stellen, bedeutet ja nicht, die Vernunft aufzugeben, sondern sie einzuordnen und durch rechten Gebrauch letztlich aufzuwerten. Wir sind heute aber umgeben von einem Taumel zwischen Rationalismus (viele Menschen glauben nur, was sie innerhalb ihres begrenzten Weltbildes einordnen und verstehen können) und Irrationalismus (viele Leute glauben alles, was man ihnen weismacht). Was wir brauchen, ist Weisheit als eine Verbindung von Logos (Vernunft) und Offenheit für das Mysterium (Geheimnis), von Denken und Staunen! Wir brauchen Weisheit als ein „hörendes Herz", das Gottes Wort genau hören und ihm gern gehorchen möchte!

Was dann unter uns verstärkt ins Gespräch kommen sollte, ist der Reichtum der Bibel – und wie wir ihn durch verschiedene Zugänge immer mehr ausschöpfen können. Dies aber eben ohne Leugnung der Autorität und der Klarheit der Bibel. Und auch wie homosexuell geprägten Menschen ganz praktisch Annahme und Hilfe zuteilwerden kann, sollte vermehrt erforscht und diskutiert werden.[62]

Weiterführende Artikel des Autors zum Thema gibt es unter den folgenden Links:
www.leiterkreis.de, Menüpunkt „WegweisendeTexte"
www.gemeindenetzwerk.org/?p=7930

---

[62] Dazu gehört eine solide Auswertung der vielen bereits vorliegenden Berichte von der Umorientierung homosexueller Menschen, von den inneren Voraussetzungen bei ihnen und von dem, was ihnen geholfen hat. Ich habe mich mehrfach auf die Studie von Robert L. Spitzer bezogen. Im April 2012 zog Spitzer selbst allerdings seine Studie zurück (was ich erst im Juni erfahren habe) und räumte für die auf Befragungen beruhenden Ergebnisse ein, „sie könnten als Beleg betrachtet werden, was jene, die sich einer Ex-Gay-Therapie unterzogen haben, darüber auszusagen haben, aber mehr nicht". – Darüber aber sagt die Studie ja immerhin etwas aus! Weshalb soll solchen Aussagen nun plötzlich keinerlei Stellenwert mehr beigemessen werden? – Freilich wünsche man sich nun auch eine objektivere Untersuchung. Ein Ergebnis würde sich dadurch aber wohl noch erhärten: Eine Umorientierung ist nur bei klarer Orientierung und zutiefst eigenem Entschluss möglich. Und genau dazu helfen die o.g. biblischen Aussagen. Wie sollen homosexuelle Menschen ohne innere Zielrichtung die Kraft zur Änderung oder zur Enthaltsamkeit finden? „Voraussetzung solcher Heilung ist der Wille des Betroffenen zur Änderung seines Verhaltens und Lebens", weshalb es wichtig ist, dass nicht „eine kirchliche Anerkennung homosexueller als gleichberechtigter Lebensform den Willen zur Veränderung schwächt." Heinzpeter Hempelmann, Liebt Gott Schwule und Lesben? Gesichtspunkte für die Diskussion über Bibel und Homosexualität, Wuppertal 2001, S. 55.

Diskussionspapier zum Schriftverständnis

Von Dieter Keucher

Anlage des „Abschlussberichtes der Arbeitsgruppe der Kirchenleitung Homosexualität in biblischem Verständnis" der Evangelisch-Lutherischen Kirche Sachsens.

Die Fragen der Schriftauslegung begleiten die Theologie durch die Jahrhunderte und sind schon in der Bibel selbst zu finden. Viele Auseinandersetzungen in der Kirchengeschichte gründen ebenfalls in unterschiedlichen Auffassungen zum Schriftverständnis. Hier sollen zu dem großen Thema wichtige Schwerpunkte benannt und nach der verbindlichen Autorität der Heiligen Schrift gefragt werden.

1. Die Bibel als Urkunde des Reden Gottes

In dieser grundlegenden allgemeinen Aussage stimmen sicher Christen aller Konfessionen überein. Vermutlich findet auch die Aussage aus der Konkordien-Formel, dass die Bibel Regel und Richtschnur für die Beurteilung von Lehre und Lehrer ist, Zustimmung.

Die Bedeutung der Bibel als Regel und Richtschnur veranschaulicht exemplarisch die Auseinandersetzung Luthers vor dem Reichstag zu Worms. „Eck:... Martin, wie kannst Du annehmen, dass du der einzige bist, der die Schrift versteht?..." Luther antwortete: „Weil denn Ew. Majestät und ihre Herrschaften eine einfache Antwort begehrt, so will ich eine geben ohne Hörner und Zähne. Wenn ich nicht durch Schriftzeugnisse oder helle Gründe werde überwunden werden (denn ich glaube weder dem Papst noch den Konzilien allein, da feststeht, dass sie öfter geirrt und sich selbst widersprochen haben), so bin ich überwunden durch die von mir angeführten Schriftzeugnisse, und mein Gewissen ist gebunden in Gottes Wort. Widerrufen kann und will ich nichts, weil wider das Gewissen zu handeln nicht sicher und nicht lauter ist. Gott helfe mir. Amen." (R. Bainton, Martin Luther, S.151/152).

Die grundlegende und zentrale Bedeutung der Bibel für Lehre und Leben der Christenheit hängt zusammen mit der Aussage von Gott als dem redenden Gott. In solchem Reden geschieht die Selbsterschließung Gottes, die in der Schrift ihr

„Speichermedium" gefunden hat. Der Geist Gottes bewirkt, dass das Wort der Bibel zum lebendigen Wort wird. Dass sich das Wort von damals auch heute als gültig und wirksam erweist, hängt nicht zusammen mit einer innergeschichtlichen Gesetzmäßigkeit noch mit der Konstanz des Menschen über den Wandel der Zeiten hinweg, sondern allein mit Gottes Treue zu sich selbst und seinem Wort. Der damals wirksam sprach, redet auch heute noch. So ist die Bibel „als Offenbarungszeugnis ihrerseits selbst eine Gestalt, durch die die Selbsterschließung Gottes geschieht." (Wilfried Härle, Dogmatik, Berlin 2000, S. 115).

2. Der biblische Kanon – Ausdruck der Verbindlichkeit

Der Kanon der Bibel macht ernst mit der Tatsache, dass Gott sich geschichtlich offenbart hat. Gott hat ein für allemal geredet. Kanonische Exegese geht von der Endgestalt der Schrift aus. Schriftauslegung will so nahe wie möglich an die Zeugen dieses Redens und Handelns herankommen. Sowohl das Judentum als auch die Kirche kanonisierten heilige Schriften, um den geschichtlichen Charakter der Gotteserfahrung zu bewahren und um den Maßstab für Verkündigung und Lehre festzulegen. Zugleich wird damit immer wieder der Blick zur Quelle gerichtet. Oder um auf Luther hinzuweisen, das „sola scriptura" unterstrichen. Wenn etwa Luther von der Bibel als der „alleinigen Königin" spricht, wendet er sich gegen die Heiligsprechung aller möglichen Traditionen. Wesentlich ist nun die Aussage, dass die Kirche den Kanon nicht einfach erfunden oder festgelegt hat, sondern sie hat ihn vielmehr entdeckt. Man könnte auch sagen, die Kanonisierung der Bibel ist durch die innere Überzeugungskraft der Kirche geworden. Der Vollmachtsanspruch der Schriften setzte sich durch, indem Gottes Geist Regie führte.

Der verbindliche Kanon der Bibel wurde immer wieder zum hilfreichen Maßstab in kritischen geschichtlichen Entwicklungen wie zum Beispiel in der Zeit der Reformation, aber auch besonders in den Verwirrungen durch die Deutschen Christen. (vgl. Die theologische Erklärung von Barmen: „Wir verwerfen die falsche Lehre, als könne und müsse die Kirche als Quelle ihrer Verkündigung außer und neben diesem einen Worte Gottes auch noch andere Ereignisse und Mächte, Gestalten und Wahrheiten als Gottes Offenbarung anerkennen.").

Wie gehen wir mit der normativen Autorität der Bibel um? Das Wesen der biblischen Offenbarung ist nicht diktatorisch, sondern dialogisch. Die Offenbarung zieht uns ins Gespräch und öffnet die Tür zur Begegnung mit dem lebendigen Gott. Dabei müssen wir aber bedenken, dass dieses dialogische Geschehen im Alten Testament an das Bekenntnis „Höre Israel, der Herr ist unser Gott, der Herr allein" (Dt 6,4ff) und im Neuen Testament an das „Herr ist Jesus Christus" gebunden ist.

3. Wie sollen wir die Inspiration der Bibel verstehen?

Hinter dieser Fragestellung verbirgt sich das jahrhundertelange Ringen um das richtige Bibelverständnis. Trotz intensiver wissenschaftlicher Forschung bleibt immer ein Stückweit ein Geheimnis bestehen, das eine Haltung der Demut fordert.

Im 17. und 18. Jahrhundert wollte die so genannte Lutherische Orthodoxie die unzweifelhafte Autorität der Schrift durch ihre Lehre der „Verbalinspiration" unzweifelhaft festlegen. Durch göttliches Diktat wurden den biblischen Schreibern, nach Auffassung der Orthodoxie, die Worte in die Feder diktiert. Damit wurde sozusagen die Unfehlbarkeit Gottes auf die Unfehlbarkeit der Bibel übertragen. Die biblischen Autoren wurden damit aber ihres Zeugeseins und ihrer menschlichen Originalität enthoben und ihre Einbindung in Raum und Zeit und in die damalige Umwelt spielte keine Rolle mehr. Man kann von einer geradezu geschichtslosen Offenbarung sprechen. Damit öffnete die orthodoxe Inspirationslehre gleichsam die Tür zum Rationalismus. Bei ihm tritt an die Stelle der geschichtslosen Offenbarung die geschichtslose Vernunft. Lessing spricht in diesem Zuge von zufälligen Geschichtswahrheiten und ewigen Vernunftwahrheiten.

Drei Stellen des Neuen Testament helfen uns zum weiteren Verstehen:

In Lukas 1,1-4 berichtet Lukas von seiner Arbeitsweise. Er profitiert von denen, die vor ihm die Geschehnisse aufgeschrieben haben und von Anfang an dabei waren. Er stellt sorgfältige Nachforschungen an, ordnet chronologisch und gibt damit eine solide Grundlage zum Taufunterricht. Zweifellos gilt für diesen Vorgang, was in den beiden folgenden Stellen vom Wirken des Geistes gesagt wird:

2. Timotheus 3,16f: „ Denn alle Schrift, von Gott eingegeben, ist nütze zur Lehre, zur Zurechtweisung, zur Besserung, zur Erziehung in der Gerechtigkeit, dass der Mensch Gottes vollkommen sei, zu allem guten Werk geschickt."

2. Petrus 1,21: „Denn es ist noch nie eine Weissagung aus menschlichem Willen hervorgebracht worden, sondern getrieben von dem Heiligen Geist haben Menschen im Namen Gottes geredet."

Diese beiden Stellen öffnen uns den Blick für das dialogische Geschehen zwischen Gott und Mensch. Gott lässt sich herab auf die erkenntnismäßigen Bedingtheiten der menschlichen Zeugen. „Die so verstandene Inspiration löst die biblischen Zeugen nicht aus allen Zusammenhängen heraus, sondern stellt sie mit ihrer persönlichen Eigenart und unaustauschbaren geschichtlichen Situation in den

Dienst des Offenbarungshandelns Gottes. Sie befreit sie nicht von Vernunft, Wille und Gefühl, sondern von der sie bestimmenden sündigen Eigenmächtigkeit und macht die Zeugen damit fähig, Gottes Wahrheit und Willen adäquat zu erkennen und zum Ausdruck zu bringen." (Evangelisches Lexikon für Theologie und Kirche, Wuppertal/Zürich 1992, Bd. 1 S. 255).

Die menschliche Seite und die göttliche Autorität der Bibel stehen nicht im Widerspruch. Vielmehr sind die literarischen Formen wie z. B. Gesetze, Spruchsammlungen, Prophetenworte, Gebete, Offenbarungen, Lieder, Erzählungen, Segenssprüche, Gleichnisse, Briefe usw. Formen, in denen und durch die Gott Menschen anspricht und zum Dialog einlädt.

Im Laufe der letzten Jahrzehnte entwickelte sich eine Vielzahl von wissenschaftlichen Methoden zur Erarbeitung der Texte des Alten und des Neuen Testaments. Horst Klaus Berg gibt in seinem umfangreichen Buch „Ein Wort wie Feuer" eine detaillierte Darstellung von 13 verschiedenen Auslegungsmethoden:

1. Historisch-kritische Auslegung
2. Existentiale Auslegung
3. Linguistische Auslegung
4. Tiefenpsychologische Auslegung
5. Interaktionale Auslegung
6. Ursprungsgeschichtliche Auslegung
7. Materialistische Auslegung
8. Feministische Auslegung
9. Lateinamerikanische Auslegung
10. Intertextuelle Auslegung
11. Wirkungsgeschichtliche Auslegung
12. Auslegung durch Verfremdung
13. Jüdische Auslegung

4. Modelle der Schriftauslegung

Origines gab als erster Rechenschaft über Methoden der Schriftexegese. Die Bibel ist für ihn wie der menschliche Organismus ein lebendiges Ganzes, und so gibt es eine somatische (wörtliche), eine psychische (moralische) und eine pneumatische (geistliche) Schriftauslegung, die der Reihe nach anzuwenden ist. Der Wortsinn ist für ihn durchaus wichtig, aber er kann auch übergangen werden, wenn er anstößig oder unlogisch erscheint. Den gleichen dreifachen Sinn kennt auch Hieronymus. Augustin spricht in seiner, noch für Luther wichtigen Schrift „De spiritu et littera" nur von zwei Schriftsinnen, dem wörtlichen und dem geistlichen, wobei die Rede vom geistlichen Sinn bei ihm wie bei seinen Vorgängern immer auf die grundsätzliche Inspiriertheit der Bibel verweist. Das erinnert an die oft von Luther verwendete Feststellung: „Die Heilige Schrift legt sich selbst aus".

Im Mittelalter begegnet uns schließlich der vierfache Schriftsinn: wörtlich-literarisch, moralisch-tropologisch, anagogisch-eschatologisch, geistlich-allegorisch. Die Bewegung des Humanismus, die im 15. Jahrhundert einsetzte, ging wieder zum originalen Bibeltext zurück und gab mit der Herausgabe der hebräischen und der griechischen Bibel wichtige Impulse für die Reformation.

Auch Luther ging es um die Wiederentdeckung der biblischen Botschaft. In seinem Ringen um das Wort „Gerechtigkeit" wurde für ihn das neue Verständnis von Gerechtigkeit zur Wendeerfahrung für seinen weiteren Weg. Darin wurde für ihn deutlich, wer Christus ist und wo die Mitte der biblischen Botschaft liegt. „Was Christum treibet" wird zum Kriterium seiner Predigt und für die Beurteilung der Schriften des Neuen Testaments. Zu seiner zentralen Einsicht kam Luther von der Exegese des Wortsinns her, der für ihn immer mehr zum entscheidenden, zum eigentlichen geistlichen Schriftsinn wurde. Die Exegese zielt nicht zuerst auf Wissen und Verstehen des Textes, sondern auf die Predigt und damit auf die Verkündigung des Wortes Gottes. Hier liegt der unvergängliche neue Ansatz Luthers, dass die Bibel zum mich angehenden und mich verwandelnden Wort der Liebe Gottes wird. Deswegen ist nach Luther die Kirche auch „Schöpfung aus dem Wort" und er unterstreicht: „Das ganze Leben und das ganze Wesen der Kirche besteht im Wort Gottes". Eine lediglich historische Exegese, die keine Beziehung zum Ausleger und zur Gemeinde findet, war für Luther undenkbar. Die Schrift wird zum Wort. Das Wort schafft Begegnung und führt zum Glauben, der „herzliches Vertrauen" ist.

Auf das Verständnis der Lutherischen Orthodoxie habe ich bereits verwiesen. Mit der Aufklärung verliert die Lehre von der Verbalinspiration der Schrift an Bedeutung und wird durch die Vernunft ersetzt. Zunehmende Dogmenmüdigkeit und konfessionelle Streitigkeiten bewirkten, dass man nur noch am sittlichen Gehalt der Bibel und des christlichen Glaubens interessiert war. Das Erstarken einer natürlichen Religion führt zum Postulat universeller Wahrheiten, die jedem Menschen von Natur aus ins Herz gegeben und darum auf vernünftige Weise zugänglich sind. Diese haben damit auch als Maßstab einer kritischen Bibelauslegung zu gelten. Die gegebene Auflistung von Auslegungsmethoden lässt schon erahnen, dass wir es mit einer verwirrenden Pluralisierung der Exegese zu tun haben. Stark erfahrungsorientierte Methoden fragen kaum noch nach der Intention des Autors, sondern sind auf eine unmittelbare Anwendung ausgelegt. Die historisch-kritische Methode ist vor allem deshalb schon lange in die Kritik geraten, weil ihre literarische Analyse oft zu einer hypothetischen Rekonstruktion der Entstehung von Texten und Überlieferung führte. Vorschnell gezogene Schlüsse mussten dann wieder revidiert werden. „Gegen die traditionelle Literaturkritik hege ich allerdings insofern ein großes Misstrauen, als sie, wie gesagt, zur Produktion selbstgemachter Texte führt. Gegenstand jeder Exegese muss aber zuallererst der Text der Hebräischen Bibel in der Jetztgestalt sein." (Rendtorff, Methode, S. 25). Gleiches gilt selbstverständlich für die griechische Bibel. Unterstelle ich mich demütig der Autorität der Bibel, indem ich im Hören auf das Reden Gottes bereit zu Korrektur und Annahme von Wegweisung bin?

Für das Hören auf das Reden Gottes können „handwerkliche Hilfen" wie der Vergleich von Übersetzungen, Wort- und Sacherläuterungen, Fragen nach historischen Zusammenhängen, der literarischen Gestalt des Textes, nach dem Kontext, nach der literarischen Gattung des Textes selbstverständlich sehr hilfreich sein. Dazu kommt die versweise Auslegung des Textes und die Frage nach dem Reden in die heutige Situation.

5. Geist, Buchstabe und die Frage nach der Sachkritik

„Denn der Buchstabe tötet, aber der Geist macht lebendig." (2. Kor 3,6). Worauf will Paulus mit dem Wort „Geist" hinweisen? Der Geist ist dem Dienst „im neuen Bund" zuzuordnen. Damit verweist Paulus eindeutig auf das Geschehen von Vergebung und Erneuerung, das durch Kreuz und Auferstehung von Jesus Christus möglich geworden ist und damit Geschenk Gottes ist. Der Geist „befähigt", in der Liebe zu Gott und zum Nächsten zu leben (vgl. das Doppelgebot der Liebe in Mk 12,28ff). Hier geht es also nicht nur um ethisches Verhalten zum Nächsten, sondern auch um die Freiheit, in Gehorsam gegenüber Gottes Willen zu leben.

Der durch Christus befreite Geist eröffnet nicht die Freiheit, gegebene Schöpfungsordnungen beiseite zu schieben. Oft genannte biblische Beispiele müssen nach ihrer Gewichtung beurteilt werden. Speisevorschriften (Genuss von Götzenopferfleisch) und z.B. die Rolle der Frau im Gottesdienst haben keinesfalls die gleiche Bedeutung wie die Beurteilung homosexueller Lebensweise. Wenn Jesus das alttestamentliche Scheidungsrecht akzeptiert, dann bezeichnet er es nur als ein Notrecht wegen der Härte des Herzens. Aber er sagt, dass es nicht der ursprüngliche Wille Gottes sei und verweist auf Genesis 2,27: „Was Gott zusammengefügt hat, das soll der Mensch nicht scheiden." Auch mit dem Hinweis, dass das, was aus den Menschen herauskommt, den Menschen verunreinigt und nicht, was von außen kommt, gibt Jesus ein Urteil im Sinne des Geistes ab.

Das heißt: Jesus lebte mit der anerkannten Autorität des Alten Testamentes. In einigen Beispielen wird deutlich, dass er mit dem Geist, der hinter dem Buchstaben steht, argumentiert. Er interpretiert aus dem innersten Anliegen der Schrift heraus.

Ein anderes Beispiel ist das Verhältnis von Herren und Sklaven, wie es im Philemonbrief thematisiert wird. Er zeigt, wie die sozialen Verhältnisse durch den Geist des Glaubens an Christus aufgeweicht werden. Damit kann man dieses Thema aber nicht mit der bleibend gültigen Schöpfungsordnung auf eine Stufe stellen. Weiterhin finden sich für die Bewertung der Rolle der Frau im Neuen Testament mindestens zwei Hauptstränge: das vom Priesterdienst kommende Denken und die Berufung zu Prophetie und Verkündigung als schwächerem Strang. Ein solcher zweiter Strang der Bejahung homosexueller Praxis findet sich weder im Alten Testament noch im Neuen Testament. Offenbar bezieht sich Römer 1 auf die Gottebenbildlichkeit des Menschen (Gen 1,27) und lässt daher keinen Raum für eine andere Interpretation zu.

Luther wollte die Bibel von ihrer Mitte her auslegen. Das unterstreicht die bekannte Aussage „was Christum treibet". Die Schrift selbst muss zum lebendigen Wort werden und ist damit mehr als nur Buchstabe. Mit diesem Maßstab kritisierte er auch den Jakobusbrief und die Offenbarung des Johannes. (Sicher kann man auch anmerken, dass Luther in seinem Urteil manches Wichtige übersehen hat.)

Wenn wir nach einer innerbiblischen Sachkritik fragen, müssen wir umso mehr auch an Luthers Aussage „was Christum treibet" einen kritischen Maßstab anlegen und seine Engführung erkennen. Wir müssen mindestens sagen, dass diese Kernaussage trinitarisch zu verstehen ist und darin zum Beispiel Schöpfungsordnungsaussagen eingebunden sind. Sonst wird sie dem grundlegenden Zeugnis der Bibel nicht gerecht. Zahlreiche Aussagen Jesu belegen diese erweiterte Sicht. Die Liebe zu ihm schließt das Einhalten seiner Forderungen ein (Joh 15,10).

Offener Brief

An alle Mitglieder der Synoden der Evangelischen Kirche in Deutschland

**Betr. § 39 Pfarrdienstgesetz der EKD
im Januar 2010**

Verehrte Schwestern und Brüder!

Bevor das neue Pfarrdienstgesetz der EKD, das nach dem Beschluss der EKD-Synode in Hannover (7. – 10.11.2010) am 1. Januar 2011 in Kraft tritt, Ihrer Synode zur Zustimmung vorgelegt wird (§ 120,2), bitten die unterzeichneten Alt-Bischöfe Sie eindringlich, nur dem Wortlaut von § 39 dieses Gesetzes für Ihre Landeskirche zuzustimmen, nicht jedoch der beigefügten „Begründung", die als solche keine Gesetzeskraft hat.

§ 39.1 steht unter der Überschrift „Ehe und Familie" und hat folgenden Wortlaut: „Pfarrerinnen und Pfarrer sind auch in ihrer Lebensführung im familiären Zusammenleben und in ihrer Ehe an die Verpflichtungen aus der Ordination (§ 3 Absatz 2) gebunden. Hierfür sind Verbindlichkeit, Verlässlichkeit und gegenseitige Verantwortung maßgebend."

Diese Gesetzesbestimmung kann nur so verstanden werden, dass sie sich auf das „familiäre Zusammenleben" von Ehepaaren miteinander und auf den verantwortlichen Umgang mit ihren Kindern bezieht. Das entspricht der Heiligen Schrift als der alleinigen Grundlage und Norm alles christlichen und kirchlichen Lebens, die so auch und insbesondere dem gesamten Dienst der Pfarrerinnen und Pfarrer allein-maßgeblich zugrunde liegt, der ihnen in der Ordination übertragen ist, und dessen glaubwürdige Ausübung durch ihre Lebensführung „nicht beeinträchtigt" werden darf (§ 3.2). Dass daran auch im neuen Pfarrdienstgesetz eindeutig und klar festgehalten wird, ist heute im Blick darauf besonders wichtig und begrüßenswert, dass sich in der Praxis unserer Gesellschaft Gewohnheiten und Normen der Lebensführung verändert haben, sodass sie den biblischen Normen der Kirche weithin widersprechen. Diese werden aber leider auch im Bereich unserer Kirchen selbst vielfach nicht mehr ernst genommen – bis hinein in die Lebenspraxis mancher Pfarrer.

Das zeigt sich jetzt in der „Begründung" zum Pfarrdienstgesetz der EKD. Hier wird § 39 so ausgelegt, dass „gleichgeschlechtliche Lebensgemeinschaften" der Ehe von Mann und Frau gleichwertig seien und darum auch in solchen Partnerschaften lebende Pfarrer-innen und Pfarrer ordiniert und zum Pfarrdienst zugelassen werden könnten, wenn sie ihre Beziehung in gleicher „Verbindlichkeit, Verlässlichkeit und gegenseitiger Verantwortung" leben, wie dies für Ehepartner „maßgebend" ist. Den Gliedkirchen der EKD bleibe es überlassen, entsprechende Regelungen für ihren Bereich durch ein Kirchengesetz („im Rahmen des § 117") zu beschließen.

Dass dies nur in der Begründung zu § 39 steht, nicht jedoch im Gesetzestext selbst, der vielmehr in seinem Wortlaut solcherlei Ausweitungen ausschließt, ist denjenigen Mitgliedern der EKD-Synode zu danken, die in den intensiv geführten Auseinandersetzungen um § 39 dafür gekämpft und es schließlich erreicht haben, dass jegliche Erwähnung von „Eingetragenen Partnerschaften" und „gleichgeschlechtlichen Lebensgemeinschaften" aus dem Wortlaut des § 39 herausgenommen worden sind und lediglich in der „Begründung" ihren Platz gefunden und damit ihre Rechtskraft verloren haben.

Umso wichtiger wird es jetzt, dass die Synoden der Gliedkirchen den § 39 in seinem strikt formulierten Wortlaut beschließen und dem Wink der „Begründung" nicht folgen, die Möglichkeit der Ordination und Anstellung von Pfarrerinnen und Pfarrern, die in gleichgeschlechtlichen Partnerschaften leben, durch ein eigenes Kirchengesetz zu beschließen, wie dies einige Gliedkirchen bereits getan haben.

Der Gegensatz zwischen den Gliedkirchen in dieser Sache darf aber jetzt nicht aufgehoben, er muss vielmehr ausgehalten und in verantwortungsvoller Auseinandersetzung redlich und offen ausgetragen werden. Denn es geht dabei im Grunde um nichts Geringeres als um die Frage, ob evangelische Kirchen darauf bestehen, dass die Heilige Schrift die alleinige Grundlage für den Glauben und das Leben ihrer Mitglieder und für den Dienst und die Lebensführung ihrer ordinierten Pfarrerinnen und Pfarrer bleibt, oder ob eine Landeskirche nach der anderen eine Angleichung an die in der Gesellschaft üblich gewordenen Lebensformen für so wichtig halten, dass sie dafür die Orientierung an der Heiligen Schrift aufgeben bzw. aufweichen.

Zur Begründung sind vor allem drei biblische Aussagen anzuführen, die im Ganzen der Bibel von zentraler Bedeutung sind. Nach Römer 1,26f. gehört gleichgeschlechtliches Zusammenleben in exemplarisch hervorgehobener Weise zu den Gott-widrigen Verhaltensweisen, denen „die Offenbarung des Zorn(-gerichts) Gottes" gilt (Römer 1,18). Wo Menschen anstelle der „natürlichen Lebensweise" des Verkehrs von Mann und Frau (1. Mose 1,27f.) „in einer widernatürlichen Lebensweise des Verkehrs von Frauen mit Frauen und Männern mit Männern" leben, da verlassen sie die gute Ordnung des Schöpfers für alle Menschen. Nach

1. Kor. 6,9f, und 1. Tim. 1,10 schließt gleich-geschlechtliches Zusammenleben wie alles andere gerechtigkeitswidrige Tun von der Teilhabe an Gottes Reich aus. Man kann diesen Aussagen weder durch die Annahme ausweichen, hier gehe es lediglich um den Verkehr mit Lustknaben in den antiken Tempeln, nicht aber um verantwortungsvoll gelebte Homosexualität, noch durch das Urteil, es handle sich um eine der mancherlei Angelegenheiten der damaligen Vergangenheit, die heute ihre Gültigkeit verloren hätten – wie z.b. das Verbot für Frauen, im Gottesdienst zu predigen (1. Kor. 14,34f.).

Das Erste ist durch die grundsätzliche Formulierung des Apostels in Römer 1,18-27 ausgeschlossen, das Zweite vor allem durch das Gewicht des Ausschlusses vom Heil des Reiches Gottes, das bei dem Predigtverbot für Frauen natürlich fehlt. Solcherlei Um- und Zurechtdeutungen so gewichtiger Aussagen der Heiligen Schrift sind weder Christen erlaubt noch helfen sie dazu, eine an die Lebensweisen der heutigen Welt angeglichene Praxis in der Kirche Christi zu rechtfertigen. Hier gilt ganz einfach die Warnung aus dem Lutherlied: „Das Wort sie sollen lassen stehen!"

Wenn in der heutigen Gesellschaft gleichgeschlechtliches Zusammenleben in „eingetragener" oder freier Partnerschaft vielfach als eine durchaus natürliche Weise, seine Geschlechtlichkeit zu leben, gilt und ihre Gleichstellung mit der Ehe von Mann und Frau als Menschenrecht gefordert wird, so gibt es dafür sicherlich Gründe, die auch von Christen, die dies bestreiten, gehört und in ihrer Gewichtigkeit erwogen werden sollten. Aber das Gleiche gilt auch umgekehrt: Die Gründe der Heiligen Schrift, mit denen die Kirche Homosexualität als widernatürlich und schöpfungswidrig zu beurteilen hat, sollten auch von denen ernst genommen werden, die sie ihrerseits ablehnen.

Eine freie Gesellschaft muss eine freie, kontrovers geführte Diskussion darüber ertragen, ohne dass im Hin und Her Feindseligkeiten entstehen, die leicht zu Gewaltmentalitäten eskalieren können. Wenn die Ordnung der Kirche eine Ordination gleichgeschlechtlich Lebender und ihre Aufnahme in den pfarramtlichen Dienst ausschließt, so bedeutet das keineswegs, dass diesen damit ihre Menschenwürde abgesprochen würde. Aber wenn die Kirche an dieser Ordnung als einer Ordnung Gottes und nicht als starrsinnige Traditionalität von Menschen festhält, dann sollte ihr Recht dazu nicht im Namen von allgemeinen Menschenrechten bestritten werden.

Mehr denn je gewinnt heute die Aufforderung im 1. Petrusbrief (3,15) hohe Aktualität: „Den Herrn Christus haltet heilig in euren Herzen, allezeit bereit, jedem Rede und Antwort zu stehen, der von euch Auskunft fordert über die Hoffnung, die euch ist!" Aber das kann nur so geschehen, dass „ihr euch nicht dazu bringen lasst, euch der Lebensgestaltung dieser Weltzeit anzugleichen, sondern verändert euch durch Erneuerung des Denkens, um richtig darüber zu urteilen, was Gottes Wille ist: das Gute, das, was Gott (von euch) will, und das, was vollkommen ist" (Römer 12,2).

Wir bitten Sie, verehrte Synodenmitglieder, herzlich und dringlich, diesen Brief, den wir an Sie richten, bei Ihrer Entscheidung in der Sache des Pfarrdienstrechts entsprechend zu berücksichtigen.

Im übrigen sollten Sie auch ernst nehmen, dass mit der Annahme dieses Pfarrdienstgesetzes im Sinne der „Begründung" jeder Fortschritt zu ökumenischer Gemeinschaft mit der katholischen und den orthodoxen Kirchen sowie auch mit einigen lutherischen Kirchen in der Welt blockiert sein würde.

gez. Eduard Berger, Bischof a. D.
Heinrich Hermanns, Landesbischof i. R.
Jürgen Johannesdotter, Landesbischof und Beauftragter für den Kontakt
zu den Kommunitäten, Schwestern- und Bruderschaften
Dr. Werner Leich, DD, Bischof em.
Dr. Gerhard Maier, Landesbischof i. R.
Dr. Gerhard Müller, Landesbischof i. R.
Dr. Theo Sorg, Landesbischof i. R.
Dr. Ulrich Wilckens, Bischof i. R.

Kontaktadresse:
Prof. em. Dr. Ulrich Wilckens
Wakenitzstr. 38
23564 Lübeck

§ 39 und die Begründung des Pfarrdienstgesetzes der EKD 10. November 2010

Gesetzestext § 39

(1) Pfarrerinnen und Pfarrer sind auch in ihrer Lebensführung im familiären Zusammenleben und in ihrer Ehe an die Verpflichtungen aus der Ordination (§ 3 Abs 2) gebunden. Hierfür sind Verbindlichkeit, Verlässlichkeit und gegenseitige Verantwortung maßgebend.

(2) Pfarrerinnen und Pfarrer sollen sich bewusst sein, dass die Entscheidung für eine Ehepartnerin oder einen Ehepartner Auswirkungen auf ihren Dienst haben kann. Ehepartnerinnen und Ehepartner sollen evangelisch sein. Sie müssen einer christlichen Kirche angehören; im Einzelfall kann eine Ausnahme zugelassen werden, wenn zu erwarten ist, dass die Wahrnehmung des Dienstes nicht beeinträchtigt wird.

(3) Pfarrerinnen und Pfarrer haben eine beabsichtigte Änderung ihres Personenstandes, eine kirchliche Trauung und andere wesentliche Änderungen in ihren persönlichen Lebensverhältnissen alsbald anzuzeigen. Sie haben die Auskünfte zu erteilen und die Unterlagen vorzulegen, die erforderlich sind, um die Auswirkungen auf den Dienst beurteilen zu können.

Die Begründung: zu § 39 Ehe und Familie

zu Absatz 1: Pfarrerinnen und Pfarrer haben – wie alle Christinnen und Christen – ihre private Lebensführung so zu gestalten, dass ihr Zeugnis des Evangeliums nicht unglaubwürdig wird. Da sie ein öffentliches Amt wahrnehmen, ist diese Pflicht gemäß § 3 Absatz 2 für sie zugleich eine Dienstpflicht. § 39 Abs. 1 nimmt bewusst auf diese Dienstpflicht Bezug und konkretisiert sie in Bezug auf das Zusammenleben mit anderen. Verbindlichkeit, Verlässlichkeit und gegenseitige Verantwortung werden als wesentliche Inhalte dieser Konkretisierung benannt. Verbindlichkeit ist dabei als rechtliche, auf Dauer angelegte Bindung zu verstehen. Mit Rücksicht auf diese Dienstpflicht verbieten sich Treulosigkeit und Verantwortungslosigkeit in persönlichen Beziehungen einer Pfarrerin oder eines Pfarrers. Verstöße gegen die Dienstpflicht zu einem Zusammenleben in Verbindlichkeit, Verlässlichkeit und gegenseitiger Verantwortung, insbesondere außereheliche Beziehungen (Rechtshof der Konföderation evangelischer Kirchen in Niedersachsen, Urteil vom 28.06.2000 – KonfR 9/99 – RSprB Abl. EKD 2001, S. 16), können daher auch eine Amtspflichtverletzung darstellen.

Der Ehe, die letztlich anderen verbindlichen Lebensformen als Modell zugrunde liegt, kommt als Bezugspunkt der Lebensführung eine besondere Bedeutung zu. Das soll bereits die Überschrift zum Ausdruck bringen. Auch im Text des Absatzes 1 wird die Ehe als Konkretisierung des allgemeinen Begriffs „familiäres Zusammenleben" nochmals benannt, weil sie die weitaus häufigste Form des familiären Zusammenlebens von Pfarrerinnen und Pfarrern darstellt. Die Ehe ist nach evangelischem Verständnis gekennzeichnet durch Freiwilligkeit, Ganzheitlichkeit, Verbindlichkeit, Dauer, Partnerschaftlichkeit und grundsätzliche Offenheit für Kinder. Familie wird nach diesem Verständnis begriffen als die Lebensgemeinschaft von Eltern und Kindern, deren Grundlage die Ehe der Eltern ist. (vgl. Gottes Gabe und persönliche Verantwortung. Zur ethischen Orientierung für das Zusammenleben in Ehe und Familie. Denkschrift der EKD 142, 1998, www.ekd.de/EKD-Texte/44601.html).

Der Begriff „familiäres Zusammenleben" ist hingegen bewusst weit gewählt. Er umfasst nicht nur das generationsübergreifende Zusammenleben, sondern jede Form des rechtsverbindlich geordneten Zusammenlebens von mindestens zwei Menschen, das sich als auf Dauer geschlossene, solidarische Einstandsgemeinschaft darstellt und damit den in Satz 2 genannten inhaltlichen Anforderungen Verbindlichkeit, Verlässlichkeit und gegenseitige Verantwortung genügt. Soweit diese Anforderungen erfüllt sind, bleibt es den Gliedkirchen und gliedkirchlichen Zusammenschlüssen überlassen, ihr eigenes Profil für die Anwendung von § 39 Abs. 1 zu entwickeln und die Norm auf diese Weise näher auszugestalten. Das kann im Rahmen des § 117 durch ein Kirchengesetz geschehen. Möglich ist aber auch jede Form von untergesetzlicher Regelung oder eine Ausgestaltung durch die schlichte Rechtspraxis.

Damit ermöglicht es Absatz 1 den Gliedkirchen und gliedkirchlichen Zusammenschlüssen insbesondere, ihre jeweilige, häufig in engagierten Diskussionen errungene Praxis zum Umgang mit Eingetragenen Lebenspartnerschaften ohne erneute Diskussion fortzusetzen. Besondere Bedeutung besitzt in diesem Zusammenhang die Empfehlung der Bischofskonferenz der VELKD für den dienstrechtlichen Umgang mit Eingetragenen Lebenspartnerschaften und gleichgeschlechtlichen Lebensgemeinschaften von Pfarrern und Pfarrerinnen vom 9. März 2004 (Amtsblatt der VELKD Band VII Stück 19 vom 15. Juli 2004).

Diese Empfehlung wurde während der Gesetzesberatungen mehrfach als Beispiel für eine Regelung herangezogen, die einerseits eine Formulierung gemeinsamer Grundsätze ermöglicht, aber andererseits Freiräume für eine unterschiedliche Ausprägung und Anwendung dieser gemeinsamen Grundsätze ermöglicht. Nicht zuletzt wegen dieser Verknüpfung von gemeinsamen Grundsätzen und unterschiedlichen Profilen der Anwendung ist, vorbehaltlich einer anderweitigen Beschlussfassung durch die zuständigen Organe der VELKD, davon auszugehen, dass die ursprünglich an das Pfarrergesetz der VELKD anknüpfende Richtlinie von 2004 im Bereich der VELKD und ihrer Gliedkirchen auch für das Verständnis von § 39 maßgebend bleibt.

zu Absatz 2: „Ohne ein tiefes Einverständnis in die Beruf und Lebensführung umgreifende Natur des Pfarrerdaseins und ohne eine Vielfalt gemeinsamer Interessen wird man sich eine Pfarrerehe nur schwer vorstellen können" (vgl.: Der Beruf des Pfarrers / der Pfarrerin heute – Ein Diskussionspapier zur V. Würzburger Konsultation über Personalplanung in der Evangelische Kirche in Deutschland; S. 10). Diese Erfahrung, an der der öffentliche Charakter des Amtes der Pfarrerinnen und Pfarrer nochmals deutlich wird, bringt Satz 1 in Erinnerung, ohne damit eine unmittelbare Rechtswirkung zu verbinden. Auch die Vorgaben der Sätze 2 und 3 entfalten nicht etwa die Wirkung eines Eheverbotes, das im Übrigen weder zulässig noch durchsetzbar wäre (vgl. Maurer, ZevKR 1993 / 1994, S. 387 ff., 408). Abweichungen von den in Satz 2 und Satz 3 1. Halbsatz geregelten Voraussetzungen können aber zu dienstrechtlichen Konsequenzen nach §§ 80 ff. führen, wenn durch solche Abweichungen eine nachhaltige Störung in der Wahrnehmung des Dienstes entsteht. Abweichungen von den in Satz 2 und Satz 3, 1. Halbsatz geregelten Voraussetzungen können insofern ein Beispiel für einen über die Regelbeispiele des § 80 Abs. 1 Satz 2 hinausgehenden Anwendungsfall von § 80 Abs. 1 darstellen.

Wesentlich für die Entscheidung über eine Ausnahme nach Absatz 2 2. Halbsatz ist, ob ein Glaubwürdigkeitsverlust und eine wesentliche Beeinträchtigung in der Wahrnehmung des Dienstes erwartet werden kann. Die Formulierung von Absatz 2 knüpft an die Grundsätze für die Ehe evangelischer Pfarrerinnen und Pfarrer an, die in einer Arbeitsgruppe aus Personal- und Dienstrechtsreferentinnen und –referenten im Jahr 2006 entwickelt wurden. Sie geht von dem Gedanken aus, dass die Gefahr einer Beeinträchtigung des Pfarrdienstes durch ein Verhalten des Ehepartners umso größer ist, je größer der inhaltliche Abstand seiner Konfession, Religion oder Weltanschauung zum evangelischen Bekenntnis und zum christlichen Glauben ist. Allerdings wird das Konfliktpotential in der Dynamik des Zusammenlebens nicht nur durch die Zugehörigkeit zu verschiedenen Konfessionen oder Religionen, sondern auch durch die Gestaltung des Zusammenlebens bestimmt. Wesentliche Faktoren, selbst bei geringem inhaltlichem Abstand, sind die Entschiedenheit der persönlichen Ablehnung und die Art, sie auszudrücken, ebenso wie z.b. der Umgang mit der Einstellung oder ggf. Einmischung der Herkunftsfamilie. Bei der Abschätzung des Risikos, inwieweit eine konfessions- oder religionsverschiedene Pfarrerehe Ursache von Gemeindekonflikten werden könnte, ist daher neben dem inhaltlichen Abstand zur Konfession oder Religion des Ehepartners auch zu berücksichtigen, wie die Beteiligten hiermit umgehen und welche Einstellung sie zum öffentlichen Amt der Pfarrerin und des Pfarrers haben. Wo erwartet werden kann, dass die Pfarrerin oder der Pfarrer auch in der Familie zu der Verpflichtung steht, das Evangelium von Jesus Christus in Wort und Tat zu bezeugen und insbesondere gemeinsame Kinder zu taufen und christlich zu erziehen und wo der Ehegatte eine positive Einstellung zum Pfarramt und zur Gemeinde hat oder bestenfalls den Pfarrberuf mitträgt und in der Gemeinde mitarbeitet, wird der Entscheidungsspielraum größer sein als bei einer ablehnenden Haltung des nichtevangelischen Ehegatten (vgl. Maurer, ZevKR 1993/1994, S. 387 ff., 410f.).

Absatz 2 stellt wie der gesamte § 39 eine Konkretisierung der allgemeinen Lebensführungspflichten nach § 3 Absatz 2 in Bezug auf typische Konfliktsituationen dar. Er greift nach seinem Wortlaut zunächst nur die häufigste Situation heraus, dass es durch die Konfessions- oder Religionszugehörigkeit eines Ehepartners oder einer Ehepartnerin zu Widersprüchen zum Dienst einer Pfarrerin oder eines Pfarrers kommen kann. Wegen des systematischen Zusammenhangs zwischen § 39 und § 3 Abs. 2 kann Absatz 2 aber nicht so interpretiert werden, dass er den Umkehrschluss rechtfertigt, an die Religionszugehörigkeit Eingetragener Lebenspartner oder -partnerinnen seien mindere Anforderungen zu stellen. Die Grundsätze des Absatzes 2 kommen im Zusammenhang mit anderen Lebensformen vielmehr erst Recht zur Anwendung (zum rechtsmethodischen Hintergrund vgl. Larenz, Canaris: Methodenlehre der Rechtswissenschaft. 3. Aufl. Kap. 5, 2. a). Ungeachtet dessen steht es den Gliedkirchen aber frei, die Anwendung der Grundsätze des Absatzes 2 auf andere Formen des familiären Zusammenlebens als die Ehe in ihren Ausführungsbestimmungen nach § 117 ausdrücklich zu benennen.

zu Absatz 3: Aufgrund der Einheit von Amt und Person im Pfarrdienst benötigt der Dienstherr Informationen über solche Veränderungen im Leben der Pfarrerinnen und Pfarrer, die ihren Dienst als solchen und ihre Akzeptanz vor Ort beeinflussen oder auch vorübergehend ihre Kräfte anders beanspruchen können. Pfarrerinnen und Pfarrer sind daher verpflichtet, die zuständige Leitungs- oder Aufsichtsperson alsbald insbesondere über die Geburt oder Adoption eines Kindes zu informieren, ebenso wenn ihnen die die Aufhebung der häuslichen Gemeinschaft oder ein Antrag auf Ehescheidung unvermeidbar erscheint. Daneben fordert das Besoldungs- und Versorgungsrecht entsprechende Benachrichtigungen der Pfarrerinnen und Pfarrer, damit die ihnen zustehenden Bezüge korrekt berechnet werden können und der Dienstherr seine Alimentationspflicht erfüllen kann. Im Übrigen schafft die Regelung die praktischen Voraussetzungen, die es ermöglichen zu prüfen, welche Unterstützung oder (seelsorgliche) Begleitung hilfreich sein können (vgl. § 26 Absatz 5, §§ 55ff) oder ob im Einzelfall eine Maßnahme nach §§ 80ff. in Betracht zu ziehen sein könnte.